C O N T E N T S

제우미디어

풀이법

설명의 순서대로 한 번만 따라 칠해보면 로직해법을 마스터할 수 있습니다!

기본 규칙

- 숫자는 '연속해서 칠할 수 있는 칸의 수'를 의미한다.
- 한 줄에 여러 개의 숫자가 있을 때는, 숫자와 숫자 사이에 반드시 한 칸 이상을 띄고 칠해야 한다.
- 칠할 수 없는 칸은 ╳로 표시한다.
- 완성된 숫자는 ◯로 표시한다.

1

	❶	3	4	4	4	3
❷ 2	2					
	5					
	5					
	3					
	1					

문제의 크기는 5x5이다.

❶은 세로 다섯 칸 중 세 칸을 연속해서 칠해야 한다는 뜻이다.

❷는 두 칸을 칠한 후, **한 칸 이상을 띄고** 다시 두 칸을 칠해야 한다는 뜻이다.

2

		3	4	4	4	3
2	2					
	⑤	■	■	■	■	■
	⑤	■	■	■	■	■
	3					
	1					

5는 다섯 칸을 연속해서 칠해야 한다. 다섯 칸을 모두 칠하고, 완성 된 5에 ◯로 표시한다.

3

		3	4	4	4	3
2	2					
	⑤	■	■	■	■	■
	⑤	■	■	■	■	■
	3					
	1	X				X

위쪽의 3은, 세 칸이 연속해서 칠해져야 하니 맨 밑줄은 칠할 수 없게 된다. X로 표시한다.

4

위쪽의 4는, 네 칸이 연속해서 칠해져야 한다. **경우의 수를 따져보면** 네 번째 줄을 칠할 수 있다.

잠깐!

이 경우, 세 칸을 연속해서 칠할 수 있는 경우는 A, B 두 경우이다. 그러므로 칠할 수 없는 마지막 칸은 X로 표시한다.

잠깐!

이 경우, 네 칸을 연속해서 칠할 수 있는 경우는 A, B 두 경우이다. 여기서 네 번째 칸은 무조건 칠해진다.

5

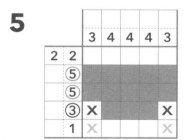

왼쪽의 3이 완성되었으니 숫자에 ○로 표시하고, 네 번째 줄의 양 옆을 ×로 표시한다.

6

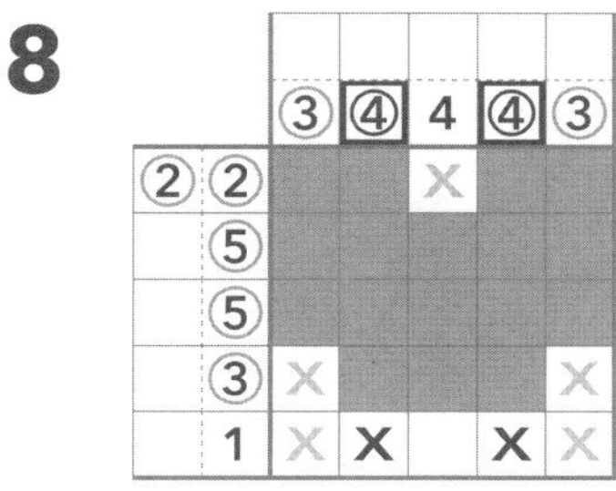

위쪽의 3을 다시 보면 네 번째, 다섯 번째 칸이 ×로 표시되어 있다. 그럼 첫 번째 칸을 칠해야 3이 완성된다. 완성된 3은 ○로 표시한다.

7

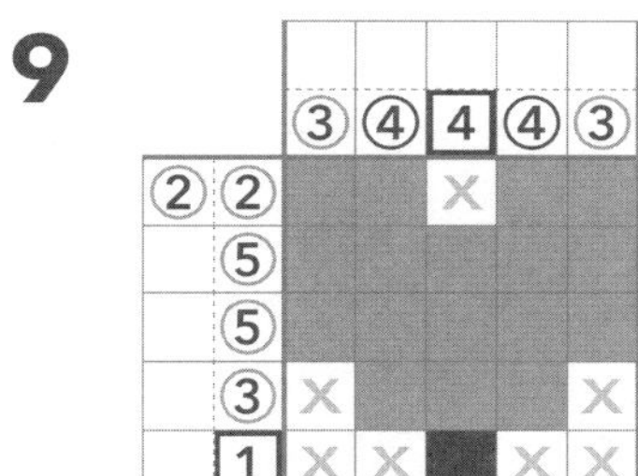

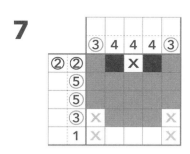

왼쪽의 2는 두 칸이 연속해서 칠해져야 하니, 두 번째 칸과 네 번째 칸을 칠할 수 있다. 세 번째 칸은 ×로 표시하고, 완선 된 2는 ○로 표시한다.

8

이렇게 되면 위쪽의 두 번째, 네 번째가 완성된다. 완성된 4를 ○로 표시하고 맨 밑줄은 ×로 표시한다.

9

이제 남은 것은 위쪽의 4와 왼쪽의 1이다. **맨 밑줄의 남은 한 칸을 칠하면**, 위쪽의 4이자 왼쪽의 1이 완성된다.

잠깐!

네모 로직의 문제 크기가 큰 경우, **큰 숫자부터 공략하는 것**이 쉽다. 예를 들어 문제가 10x10이고 한 줄인 열 칸 중에서 아홉 칸을 연속해서 칠해야 할 때,
전체 칸 수(10) - 해당 칸 수(9) = **빈 칸 수(1)**
이 공식을 이용하면 경우의 수를 쉽게 풀 수 있다. 여기서는 1이 나왔으니 **위아래 한 칸씩**을 비우고 가운데 여덟 칸을 칠한다.

중요한 로직 풀이 TIP!

문제의 크기가 큰 로직 중에는 위의 설명만으로 해결되지 않는 것이 있다. 그럴 때 이것만 기억해 두면 손쉽게 풀 수 있다.

위에서부터 칠했을 때와 아래에서부터 칠했을 때 겹쳐지는 칸이 어디인지를 찾는다. 이때 숫자의 순서는 반드시 지켜야 하며 점을 찍어가며 생각하면 편하다.

❶ 한 칸에 점을 찍고, 한 칸 띄고 6칸에 점을 찍는다.
❷ 뒤에서부터 6칸에 점을 찍고, 한 칸 띄고 한 칸에 점을 찍는다.
❸ 겹치는 부분을 찾아 칠한다.

이 칸은 겹치더라도 서로 다른 숫자에 해당된 것이므로 칠할 수 없다.

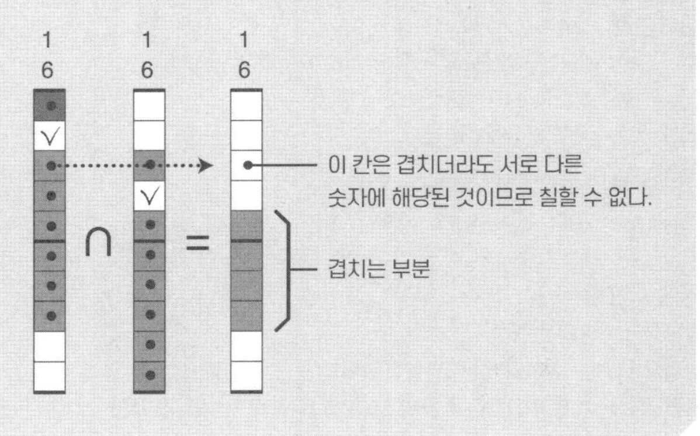

네모네모 로직® 플러스 고급편 2

초판 1쇄 펴냄 2021년 9월 15일
초판 7쇄 펴냄 2024년 7월 17일

편 저 | 제우미디어
발 행 인 | 서인석
발 행 처 | 제우미디어
등 록 일 | 1992. 8. 17
등록번호 | 제 3-429호
주 소 | 서울시 마포구 독막로 76-1 한주빌딩 5층
전 화 | 02) 3142-6845
팩 스 | 02) 3142-0075

I S B N | 979-11-6718-052-0
978-89-5952-895-0 (세트)

만든 사람들
출판사업부 총괄 손대현
편집장 전태준 | **책임편집** 황진희 | **기획** 홍지영, 안재욱, 신한길, 양서경
영업 김금남 | **제작** 김용훈 | **문제 디자인** 나영 | **표지·내지 디자인** 디자인그룹올 | **표지·내지 조판** 디자인수

※ 값은 뒤표지에 있습니다.
※ 파본은 구입하신 서점에서 교환해 드립니다.

A1 옆으로 걸어요

난이도 ★☆☆☆☆

30×30

1	2	3	4	5	6	7	8	9	10	11	12	13	14	15
		2	1											
		3	2	1		1			3	6				
	2	1	2	2		3	1	2	1	2	5	5		
	3	3	2	2	5	2	4	2	1	2	2	2	5	
	2	1	1	2	9	2	1	2	1	2	1	1	1	5
	4	2	2	4	1	1	3	5	4	3	3	2	1	1
21	6	2	2	2	1	1	2	1	1	1	4	1	5	1

16	17	18	19	20	21	22	23	24	25	26	27	28	29	30
											1			
						2	2	1		1	2	2	3	
				6	3	2	4	6	6	2	2	2	2	
			5	2	1	2	2	3	6	2	2	2	2	
5	5	5	2	2	1	1	2	1	1	2	2	4	3	
1	1	2	1	3	2	3	3	5	2	4	1	1	3	
1	1	1	5	1	4	1	1	1	1	2	1	2	3	26

Row clues (left to right):

Row	Clues
1	30
2	3 1 15 1 3
3	1 1 12 1 2
4	1 5 10 5 1
5	8 10 8
6	3 5 6 2
7	2 2 3 1
8	1 5 2 3 1
9	7 7
10	2 1 1 2
11	1 1 1 1
12	1 4 4 1
13	1 4 2 2 4 1
14	3 1 2 2 2 3
15	2 2 1 1 2 4
16	9 6 6 2
17	2 1 3 3 1 1
18	1 2 10 1 2
19	1 6 6
20	3 4 3 2
21	2 2 2 3 1
22	1 1 1 2 1 1
23	1 1 2 1 1 1
24	1 2 2 2 1 1
25	2 1 1 1 2 1
26	1 2 1 1 3 2
27	1 3 1 1 3 1
28	2 4 4 2
29	4 1 1 3
30	5 6

A2 코와 입을 가려요

난이도 ★☆☆☆☆

30×30

열	힌트
1	6 6 1
2	10 2 1
3	12 2 1
4	3 17 2
5	2 7 1 3 2
6	2 3 2 2 3 2
7	2 2 2 2 9 4
8	2 1 2 2 1 3
9	2 3 4 2 1
10	2 2 4 1 2
11	2 2 4 1 1
12	1 4 2 1 1
13	1 3 2 1 1
14	1 3 4 1
15	2 3 1 1
16	1 5 1 1
17	1 1 1 1 1
18	2 2 2 1 1
19	1 2 2 1 1
20	1 1 1 4 1 2
21	1 2 2 4 1 1
22	1 1 2 4 2 3
23	2 2 1 2 1 3
24	2 4 2 10 4
25	2 3 1 3 2
26	2 4 2 2 2
27	4 13 2
28	5 5 1 2
29	11 2 1
30	6 6 1

행	힌트
1	8 6
2	6 4 3
3	4 3
4	3 2
5	2 2 1 2
6	2 2 2 1 2 3
7	2 2 4 3 3 3
8	6 8 2 2 2
9	5 3 3 4 2 3
10	9 3 6 2
11	7 3 2
12	5 5 5 2 2
13	5 7 7 5
14	3 1 3 1 1 3 1 4
15	4 3 1 3 4
16	1 3 1 7
17	1 1 4 1 3 2 1
18	1 1 1 14 1 1 1
19	1 1 1 1 1 1
20	2 1 1 1 1 1
21	3 1 1 1 2
22	2 1 1 3
23	1 1 1 1
24	2 1 1 2
25	3 3
26	2 1
27	2 2
28	2 3
29	7 9
30	8 11 9

A3 6월의 탄생석이에요

난이도 ★☆☆☆☆ (1.5/5)

30×30

								2	2																				
							3	3	1								2	2			3	3	4	6	2				
	4	2	4		4	5	5	3	3		3	3	2	1	1	1	2	5	3	3	3	3	3	1	3	2		2	2
	6	3	2	6	3	1	2	1	2	2	4	7	1	2	2	3	4	2	1	2	3	3	1	3	2	3	2	7	11
4	6	3	3	7	3	2	2	1	1	1	2	2	5	2	1	5	1	1	3	2	2	2	2	3	2	7	5	2	5
8	3	5	3	3	3	5	2	2	1	11	3	4	2	1	1	1	2	3	4	8	1	2	2	2	5	4	4	5	2
11	2	1	2	1	1	2	1	1	1	2	2	1	4	2	1	2	3	1	1	2	2	3	1	1	1	1	2	2	2

					5	21	2
					14	10	2
			2	5	2	2	6
			2	4	4	4	2
		3	7	3	2	3	2
		2	2	1	2	5	6
	2	1	2	2	1	2	3
		3	3	2	1	4	2
3	2	1	1	2	1	2	2
3	2	1	1	1	2	1	2
2	1	2	2	2	1	1	1
1	2	1	1	2	2	2	1
1	3	2	1	1	1	2	1
	3	2	2	1	2	2	1
			2	2	2	9	3
		1	1	3	2	2	2
		2	2	2	2	1	2
		2	2	1	1	3	1
				3	4	3	2
				3	2	2	3
			1	3	1	1	5
				7	1	1	7
					12	5	11
		2	3	4	4	3	1
			1	1	2	1	1
		1	2	1	2	1	1
		2	2	2	1	2	2
		3	2	1	2	2	2
		4	2	2	2	3	3
							19

A4 어떤 생명체가 살고 있을까요?

난이도 ★★☆☆☆

30×30

Column clues (top to bottom):

Col	Clues
1	14 3
2	2 9 6
3	1 8 2 2
4	1 9 2 1
5	1 4 6 2 1
6	2 11 3 1
7	15 3 2
8	20 1
9	13 6 1
10	10 1 1 2 2
11	9 1 1 2 2
12	8 2 2 2 2
13	8 1 1 1 2
14	5 2 2 1 3
15	4 1 1 2 4
16	4 2 2 1 1 2
17	6 2 1 2 2 2
18	8 1 1 2 1 2
19	7 2 1 1 1 4
20	6 2 2 2 2 2 1
21	9 2 1 1 3
22	8 1 2 2 5
23	6 2 2 2 2 6
24	6 4 2 2 2 4
25	5 3 5 2 3
26	5 3 5 2 4
27	4 2 6 4 4
28	1 2 8 4 3
29	4 9 1 3 3
30	5 8 2 1 3 3

Row clues (left to right):

Row	Clues
1	13 14
2	2 8 11 2
3	1 8 15
4	1 24
5	1 20 1
6	2 19
7	15 2 2 2
8	13 2 7 1
9	11 2 2 4 1
10	10 3 2 2 2
11	4 4 3 2 2 3
12	12 2 3 4
13	9 3 2 5
14	8 3 2 7
15	9 2 8
16	2 2 3 2 5
17	2 2 4 3 6
18	2 6 3 2 3
19	2 6 2 2
20	1 5 3 2
21	2 2 4 3
22	2 11 6
23	3 5 4 5
24	6 3 4
25	3 4
26	5 2
27	9
28	1 9
29	2 8
30	3 5

A5 해바라기 씨를 좋아해요

난이도 ★★☆☆☆

35×35

									1																									
								2	3																									
					1		8	2	1	1	1			1						3	1		1											
					1	5	2	1	1	3	1	2	2	3	1			1		3	2	1	1		4		1	1	1					
			1	1	5	4	5	6	2	3	4	1	2	2	3	1	1	2	1	2	3	3	2	2	2	5	1	2	1	1				
3		8	12	1	6	2	1	2	6	2	3	2	2	2	2	3	2	2	4	3	3	2	1	5	1	4	6	8	5	14	2			4
9		9	8	18	2	1	2	1	1	2	1	3	2	2	7	3	1	1	2	2	1	2	1	2	4	1	2	2	11	2	15	9		11
8	23	4	1	1	1	1	1	1	1	2	2	1	1	1	2	2	2	2	2	1	1	1	1	2	2	1	1	1	1	1	1	10	20	3

				5	5
			2	9	2
	1	2	1	3	1
		1	3	3	1
			4	1	2
				2	2
				1	2
				1	1
		2	2	2	2
		1	2	2	2
		5	2	2	4
				4	2
		7	1	1	3
	4	3	3	2	3
	9	1	1	1	1
			11	8	11
			14	6	12
9	2	4	3	5	3
6	2	2	2	2	9
	5	2	2	1	7
2	2	4	4	2	5
	6	2	1	6	7
6	1	2	2	2	7
	7	2	4	2	6
	3	4	5	3	2
				5	6
				6	6
				5	6
				5	6
			5	1	4
			2	3	7
				8	7
		4	3	2	4
	3	2	5	2	3
					34

A6 첫 등장으로 동물학자들을 놀라게 했어요

난이도 ★★☆☆☆

35×35

																					2	2									4	4		
													4								4	3	2	1	1	1	1	1	1	4	2	2	1	
					10	9	9	8				7	2					3	2	2	1	1	6	6	7	8	5	3	2	1	1	1	4	
					5	5	6	6	8	8	7	6	5	4	4			2	3	2	2	1	1	3	4	2	2	3	8	2	1	1	2	1
14	13	12	11	10	3	1	2	1	4	5	3	2	2	2	2	3	3	2	1	1	1	2	1	3	1	3	2	4	2	1	1	3	5	8
1	3	3	3	4	1	2	2	2	3	1	1	2	2	7	5	6	6	2	3	5	1	1	2	2	1	1	2	3	2	3	3	3	5	6
5	6	7	8	15	7	9	9	5	6	4	1	1	1	2	2	2	2	1	1	1	1	1	1	1	1	2	2	2	1	2	2	3	2	2

					24	2
						32
					19	4
					16	15
					13	18
				20	8	3
		18	1	1	5	1
			11	2	5	1
				8	15	1
			6	10	2	1
			4	10	2	2
			3	11	2	2
		2	7	4	1	2
	1	7	1	1	1	4
				8	2	1
				9	2	1
				2	4	1
					3	5
				3	2	1
				1	2	2
				2	2	1
				1	2	3
			1	4	1	1
		1	2	3	4	1
			1	2	5	2
		1	2	3	2	2
		5	2	3	2	3
	3	5	5	1	1	4
8	2	4	1	1	3	4
				16	5	4
					11	4
				10	6	3
				10	7	5
					8	7
					5	8

무법자 분장을 한 귀염둥이

난이도 ★★☆☆☆

35×35

1	2	3	4	5	6	7	8	9	10	11	12	13	14	15	16	17	18	19	20	21	22	23	24	25	26	27	28	29	30	31	32	33	34	35
							3			1	1	1																						
						6	1	1	1	1	1	1	1	1				3				6												
			6	6	6	2	2	1	1	1	1	1	1	2	2	2	2	1	5	5	5	1												
		6	4	3	3	2	4	1	1	2	1	3	2	1	2	1	1	2	2	1	1	1	6										12	
	5	5	2	1	2	3	1	1	1	5	2	1	3	1	1	1	2	2	2	2	1	2	1	6	7	8		13				12	1	
19	12	4	3	2	2	9	4	5	5	1	5	6	6	6	7	6	7	9	12	11	11	5	4	6	2	2	13	2	14	14	15	2	3	13
2	3	4	4	3	4	2	7	3	2	3	5	1	1	2	4	3	2	2	5	3	4	2	1	2	2	2	4	3	6	2	2	5	6	12

					35
				8	20
				8	17
				7	16
				7	21
			1	14	13
				1	10
		2	7	6	9
	4	2	7	1	8
	7	2	3	1	8
	6	4	2	2	9
		7	2	1	12
3	2	2	5	5	1
2	1	1	1	6	5
2	1	1	1	4	2
	3	2	2	4	1
		7	2	5	2
		4	6	5	2
			5	5	2
			2	6	1
		2	5	7	1
				22	1
				22	1
			4	15	1
		1	12	1	2
		1	8	1	2
	1	4	1	2	2
	1	2	1	5	1
	2	4	6	2	2
1	1	2	3	1	2
1	1	1	2	1	1
1	2	1	1	2	1
	2	1	2	1	5
			5	4	4
				4	4

A8 재즈에서 가장 사랑받는 관악기예요

난이도 ★★☆☆☆

35×35

Col	Clue
1	6 2
2	11
3	6 6 10
4	5 6 16
5	5 3 22
6	5 4 3 17
7	5 5 1 17
8	4 6 1 12 4
9	4 3 1 12 3
10	3 2 1 13 2
11	2 2 1 1 4 8 1
12	4 3 4 7 1
13	4 1 2 4 7
14	3 3 2 3 4 7
15	2 2 4 3 3 6
16	2 5 4 8
17	4 2 4 7
18	6 2 14
19	8 3 14
20	5 1 1 2 15
21	2 1 14 4
22	8 2 7 3
23	1 2 5 2 3 2 2
24	2 7 4 2 1 2
25	6 3 2 4 1 1 3
26	5 4 3 7 2
27	1 6 2 3 2
28	1 12 4 3 2
29	2 2 6 1 2 9 1
30	2 2 1 1 4 1
31	6 7 2 1
32	4 7 2 1
33	4 4 3 2 1
34	2 4 7 3
35	13 3 7

Row	Clue
1	4 5 7
2	7 5 1 3 3
3	10 2 4 2 2 1 4
4	8 4 4 2 2 2 5
5	7 4 3 1 3 2 5
6	6 5 2 4 1 4 1
7	4 3 2 1 3 4 1
8	3 4 1 6 3 1 1
9	2 4 2 9 3 1
10	8 2 7 3 1
11	7 1 4 6 3 1
12	4 2 2 2 2 4 2 1
13	4 6 2 2 2 2
14	4 3 2 1 1 5
15	4 2 1 2 7
16	2 4 1 4 3
17	5 1 1 1 1
18	2 4 1 2 1
19	6 2 1 2 3
20	8 2 3 1 7
21	9 3 4 1 1 5
22	10 2 5 2 2 2
23	11 7 1 1 2
24	12 7 1 1 1
25	8 3 11 1 1
26	9 3 7 2 2 1
27	10 2 4 5 2
28	11 2 3 1 3 1
29	11 5 1 3 1
30	18 2 1 1
31	4 17 1
32	5 13 1 1
33	6 12 2 2
34	6 8 3 1
35	8 5 8

A9 낫을 든 죽음의 신이에요

난이도 ★★☆☆☆

35×35

Column	Clues
1	10
2	3 3
3	3 8
4	2 3
5	2 3
6	2 3
7	2 2
8	4
9	4 8
10	4 6 7
11	3 2 1 2 2
12	3 2 5 1 1
13	12 2 5 1 2
14	3 4 4 8 2
15	2 2 1 10 2
16	1 7 2 2 8 2
17	2 2 3 3 3 1
18	1 2 2 4 1 1 1 1
19	1 2 3 1 1 2 2 1
20	1 2 3 3 3 1
21	1 1 2 1 2 2 1
22	1 1 2 4 4 1
23	2 1 3 1 3 1 1 1
24	2 2 3 16 1
25	3 1 2 9 8 1
26	5 13 6 1
27	19 1 6 1
28	22 6 1
29	12 14 1
30	6 14 1
31	4 9 4 2
32	3 3 6
33	1 2 5
34	4
35	3

Row clues (left to right)

Row	Clues
1	9
2	3 5
3	2 4
4	1 7 4
5	2 2 4 7
6	4 1 2 6
7	2 2 1 1 2 2 6
8	1 2 1 1 3 3 6
9	2 4 1 1 3 3 7
10	1 6 1 1 2 4
11	2 1 5 2 2 4
12	1 2 5 3 5
13	1 1 3 13
14	1 2 3 1 1 1 6
15	1 1 4 12
16	1 2 2 2 8
17	1 1 2 1 3 7
18	1 1 2 1 2 2 7
19	1 1 1 1 1 1 12
20	3 1 1 1 4 8
21	2 2 3 1 1 1 1 1 4
22	2 5 4 1 1 1 4
23	1 2 1 2 9
24	1 1 3 2 4
25	1 5 3 3
26	1 5 9
27	2 4 10
28	2 4 7 2
29	1 4 7
30	2 2 8
31	5 2 5
32	1 5
33	2 4
34	6 5
35	21

A10 놓치지 않고 빨리 달려요

난이도 ★★☆☆☆

40×30

Col	Clues
1	5 4 3 7 5 7
2	5 5 4 6 6 6
3	5 5 5 6 1 3 4
4	2 2 2 2 2 2
5	2 1 1 2 1 1 3 2
6	1 1 1 1 2 2 1 4
7	1 3 3 1 1 1 2 2
8	13 2 6 2
9	13 14
10	12 12
11	10 2 11
12	1 5 2 10
13	1 1 2 1 3
14	1 5 1 7 1 4
15	2 3 5 2 4 2 1
16	1 3 3 1 2 1 1
17	2 2 4 3 3 2 1
18	1 3 4 8 2 1
19	1 3 5 6 2 3 4 4 1
20	2 1 3 2 4 2 4 2 6
21	3 10 2 7 5
22	3 1 1 5
23	2 2 1 1 2 2
24	3 1 1 1 2 1 1 2
25	8 1 1 1 2 1 2 2 2
26	1 1 4 5 1 12
27	5 7 8 5
28	3 1 1 5 1
29	11 10
30	9 8

Row	Clues
1	3 4 3
2	3 3 2 1 1
3	3 2 1 1 1
4	3 1 4 4
5	3 6 2 3
6	5 7 5 3
7	2 2 3 3 4 2 3
8	4 6 4 2 2
9	3 5 1 1 2 2
10	3 6 1 1 2 1 2
11	4 5 1 1 1 2 2
12	2 4 3 1 2 2
13	8 2 4 2
14	1 6 2 2 2
15	2 6 5 7
16	3 5 7
17	3 15
18	5 3 6
19	4 1 1
20	1 2 2
21	3 1 1
22	3 8
23	3 5 5
24	3 4 2
25	3 1 2
26	3 2 4 7
27	5 8 2 1 2
28	2 3 4 3 2 1 1 2
29	4 7 3 1 2 2
30	2 5 1 1 4 2
31	3 7 1 1 2 2
32	6 5 3 3 2
33	3 6 3 4 2
34	1 7 2 1 3
35	3 1 6 8 2
36	3 1 5 6 5
37	3 2 14 3
38	3 1 4 2 3 4
39	2 6 1 2 3
40	2 6 7 3

A11 준비운동은 필수예요

난이도 ★★☆☆☆

40×30

A12 복근을 단련해요

난이도 ★★☆☆☆

40×30

Column	Clues
1	20
2	26
3	32
4	27 2
5	15 3 8 3
6	14 2 9 3 1
7	14 2 6 2 2 2
8	11 1 2 3 3 2
9	8 2 2 2 6
10	6 1 3 2 2
11	4 1 2 2 2
12	5 2 1 1 2
13	7 3 2 1 2
14	9 2 3 1 2 2
15	2 8 2 7
16	3 7 2 5
17	2 8 5 2
18	2 10 5
19	1 3 3 2
20	1 4 3 2
21	1 3 1 2 2
22	2 3 4 3 2
23	1 2 2 2 1
24	2 1 3 2
25	1 1 1 1 3
26	6 1 4
27	5 3
28	6 2
29	10
30	8

Row clues (left to right):

Row	Clues
1	3 5
2	4 2 3
3	4 2 3
4	5 1 4
5	7 2 3 5
6	7 2 11
7	7 2 5 5
8	11 3 6
9	13 3 1 3
10	16 1 2
11	7 8 3 2
12	6 9 2 3
13	5 9 7
14	7 6 2 1 1
15	4 2 4 1 1 2
16	3 2 5 2 1
17	3 3 2 1 1
18	3 1 2 2
19	4 2 2 1
20	4 1 2 2
21	6 2 3
22	4 2 2
23	5 2 2
24	6 2 1
25	7 5 2
26	7 2 3 2
27	10 4
28	9 2 1
29	8 5
30	7 5
31	4 1 2 2
32	3 2 2 2
33	3 4 2
34	3 2 2
35	3 3 2
36	3 2 3
37	3 1 2
38	3 2 2
39	5 2
40	7

A13 딸기랑 초코를 같이 먹을래요

난이도 ★★☆☆☆

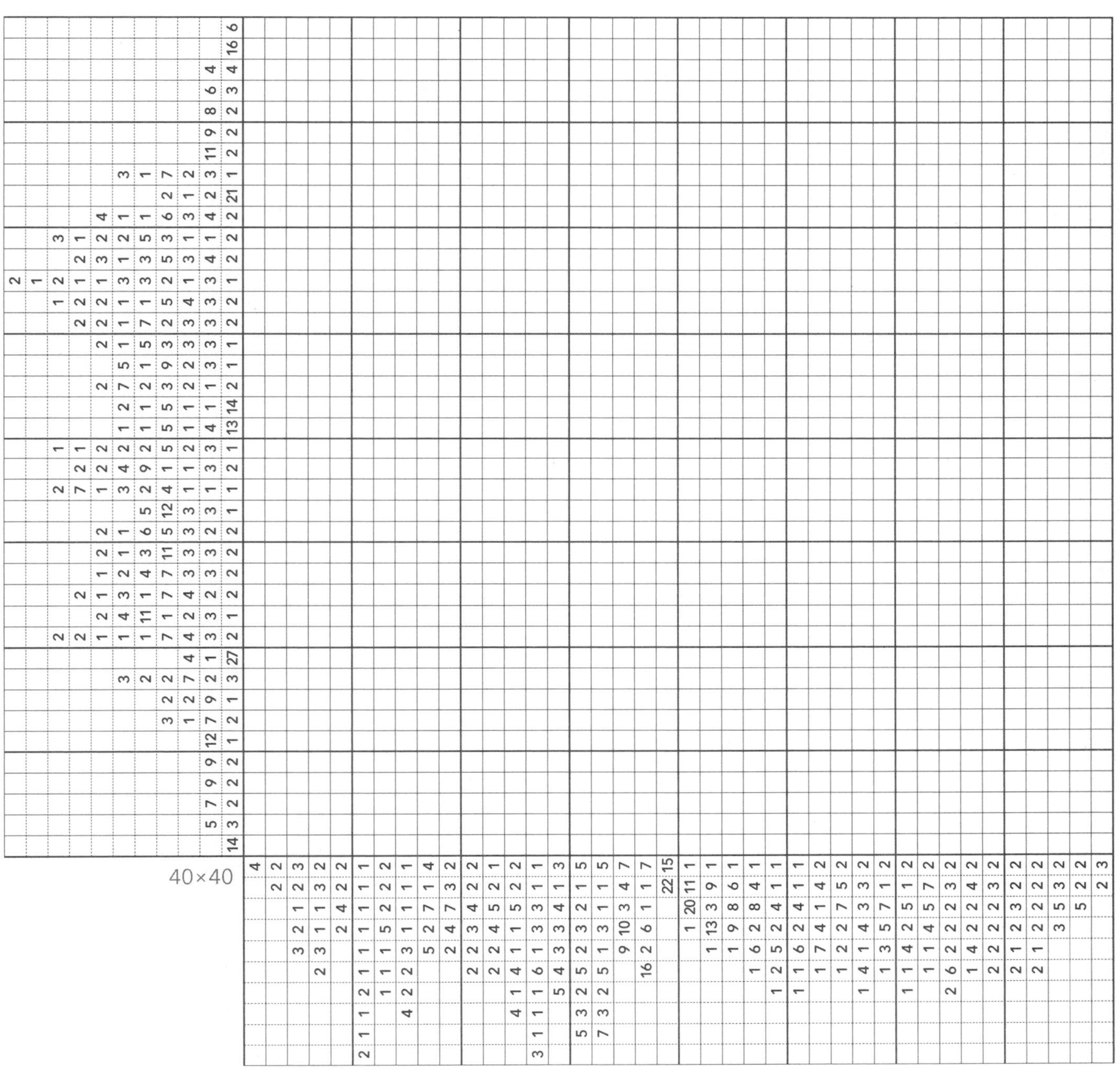

40×40

A14 또 어디 들어갔니~?

난이도 ★★☆☆☆

40×40

A15 엄지와 검지를 교차해요

난이도 ★★☆☆☆

40×40

Row	Clues
1	4 6 17 7 2
2	1 15 18
3	16 7 6
4	15 1 10
5	13 1 6
6	7 2 2 1 3
7	7 2 1 2 3
8	1 5 1 2 1 2
9	6 2 2 1 2
10	4 2 2 2 2
11	1 3 2 1 2 1
12	2 2 2 1 2 2
13	1 1 4 2 2 2 1
14	2 7 2 4 1
15	13 2 3 1
16	1 10 4 1 5 1
17	5 15 1 2 2 1
18	24 5 5
19	18 21
20	12 22 4
21	2 18 18
22	24 13
23	6 16 2 4
24	20 1 3 4
25	1 9 5 2 3 1
26	3 9 3 1
27	2 6 1 2 1
28	1 2 4 1 2 1
29	2 2 1 1 2 1 1 1
30	1 3 2 2 1 2
31	2 2 2 2 1 1
32	2 1 3 2 2 2
33	1 3 2 2 1 2 2
34	8 2 2 5
35	14 2 4
36	15 1 7
37	2 14 5 5
38	13 4 15
39	19 5 11
40	4 19 9 3

Column	Clues
1	4 3 3 2 7 3 7
2	1 5 1 8 1 7
3	7 4 3 3 3
4	8 8 7
5	7 10 8
6	9 2 9 8
7	10 9 4 10
8	5 24 7
9	5 4 11 3 6
10	5 3 11 2 6
11	5 3 12 3 6
12	6 14 8
13	6 7 8 7
14	5 14 4 3 2
15	4 7 12 1 5
16	3 3 20 4
17	2 3 14 3 4
18	1 3 14 3 3
19	1 4 3 10 2 2
20	1 2 8 2 2 1
21	1 3 7 2 1
22	1 2 3 3 2 2 2 1
23	2 16 2 1
24	2 3 5 3 2
25	2 3 4 2 3
26	3 1 3 2
27	3 2 3 1 4
28	4 3 5 2 4
29	4 13 3 1
30	4 2 8 1 6
31	5 1 5 6
32	6 5 3 3
33	2 3 4 8
34	7 4 3 5
35	5 1 4 2 1 5
36	4 2 2 3 2 2 3
37	4 3 8 2 4
38	2 4 10 3 3
39	3 4 7 5 3
40	2 6 1 1

A16 원래는 멕시코 출신이에요

난이도 ★★☆☆☆

40×40

Column clues (left to right, each read top to bottom)

1. 7 11 1
2. 1 1 4 2 2 8 1
3. 1 1 2 4 2 1 12
4. 4 1 2 5 1 4 7
5. 5 5 4 13
6. 1 4 3 5 13
7. 1 1 4 4 7 10 2
8. 5 5 3 3 5 9
9. 4 9 2 3 10
10. 4 8 2 11
11. 9 3 2 4 9
12. 6 5 5 7 2
13. 4 3 2 3 7 2
14. 2 1 2 2 3 10
15. 1 2 1 2 5 6
16. 1 1 2 10
17. 2 2 1 1 10
18. 1 2 2 1 8
19. 1 2 1 1 9
20. 1 2 1 7 3
21. 1 2 1 1 3 4
22. 1 2 1 1 5
23. 1 2 2 2 3
24. 1 2 2 7 5
25. 1 2 2 4 3 4
26. 2 2 2 2 5 1 2 4
27. 1 2 1 3 8 2 1 6
28. 1 3 2 3 6 3 1 6
29. 6 1 2 2 3 2 1 1 3 1
30. 3 2 3 2 2 1 1 1 1
31. 5 10 3 3 1 2 1
32. 4 4 4 7 1 5 1
33. 2 4 5 2 8 2 1 1
34. 1 7 4 2 6 1 2 1
35. 5 4 11 2 1 2
36. 4 1 3 11 2 2 2
37. 3 1 6 5 4 3
38. 1 1 14 3
39. 2 11 5
40. 3 5 12

Row clues (top to bottom, each read left to right)

1. 1 3
2. 2 1 2 4
3. 7 4
4. 6 10 5 1 1
5. 1 11 6 5
6. 2 5 2 5
7. 5 1 3 9
8. 9 2 2 6
9. 7 2 2 6
10. 9 2 1
11. 4 2 2 1
12. 1 2 14 2 1
13. 6 9 6
14. 10 9
15. 10 8
16. 1 1 1 3 6 1 1
17. 5 6 1 1
18. 4 10 3 3
19. 4 3 2 8
20. 10 1 9
21. 9 1 2 2 4
22. 8 3 2 2 6
23. 1 4 4 3 9
24. 3 2 2 3 9
25. 4 1 2 3 5 3
26. 2 3 3 9
27. 3 2 3 4 1 7
28. 2 5 2 4 2 1 7
29. 1 7 2 9 2 1 6
30. 8 1 2 1 2 10 4
31. 7 2 6 1 1 2 3
32. 21 3 2 2
33. 3 17 2 3 2 1
34. 14 6 2 3 1 1
35. 20 4 2 1 1
36. 19 1 1 4 2 2 2
37. 11 6 2 6 2 3 2
38. 4 4 15 5 4
39. 26 6
40. 17 22

A17 주름이 매력적인 강아지예요

난이도 ★★☆☆☆

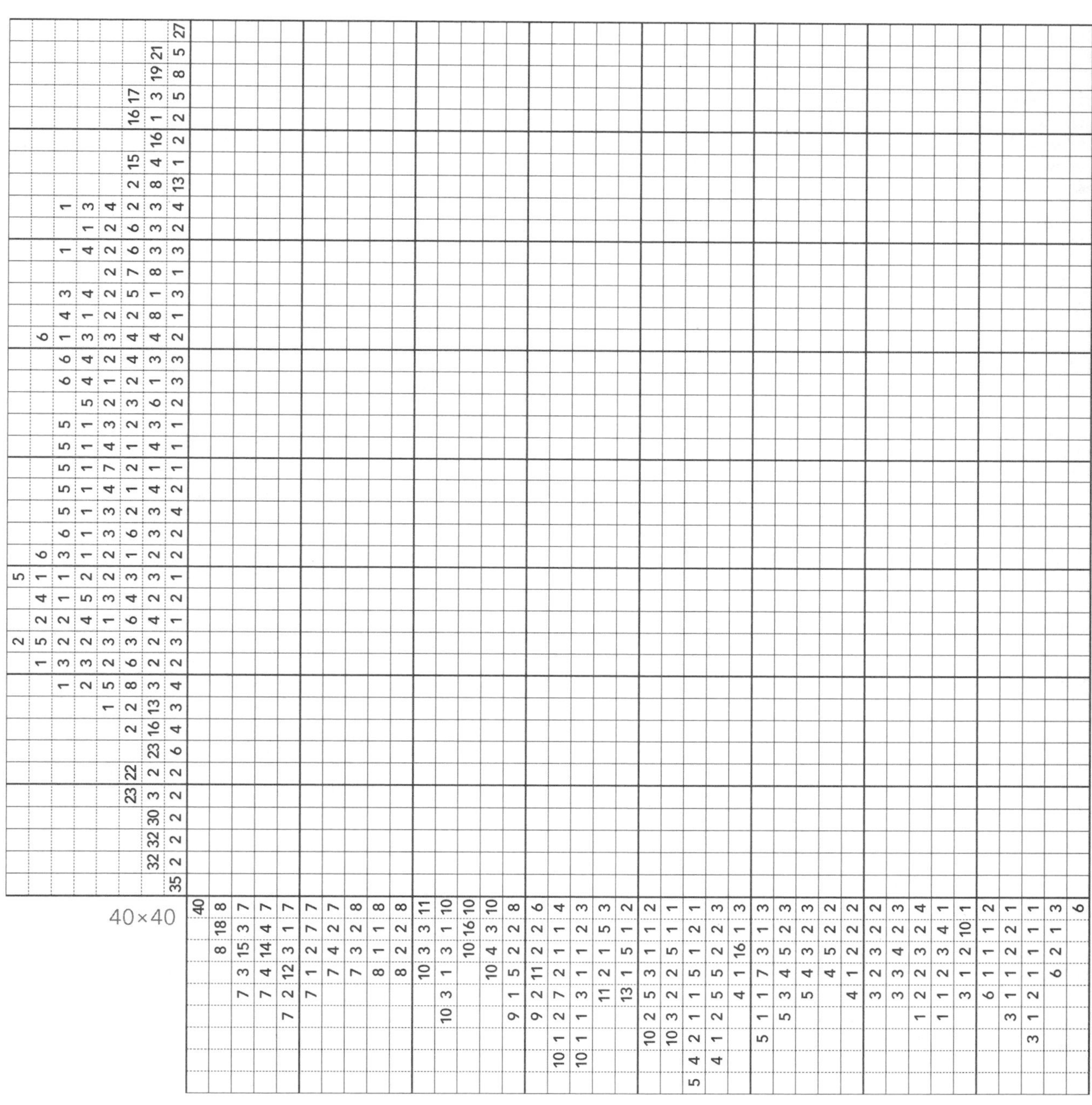

A18 가림막을 두고 먹어요

난이도 ★★⯪☆☆

40×40

Column	Clues (top to bottom)
1	3 12 8 3
2	3 1 7 8 3
3	3 1 4 8 3
4	3 1 3 8 3
5	3 1 2 5 9 3
6	3 1 12 2 10
7	2 2 2 9 4 10
8	2 2 3 2 4 4 6
9	3 1 2 1 6 2 4
10	1 3 1 3 2 1
11	1 3 2 1 2 2 8
12	1 2 3 3 2 3 2
13	1 1 2 1 3 2 1
14	1 2 6 2 10
15	1 4 2 3 2 2 2
16	10 1 1 2 10
17	8 1 3 2 2 4
18	7 2 2 2 6
19	7 1 3 3 2 3
20	8 3 6 3
21	8 3 4 7
22	9 2 3 1 2 3
23	10 3 2 2
24	10 5 3 1
25	9 3 2 2 1
26	6 4 1 1 1
27	1 4 1 1 2
28	1 3 4 2
29	1 4 1 3 3
30	1 3 3 2 4
31	1 2 1 13
32	8 2 2 1 2 2 2
33	8 2 3 1 1 2 2 3
34	9 4 5 3 1 1 2 3
35	10 10 2 1 4 3
36	24 1 4 3
37	24 2 1 6 3
38	24 11 3
39	25 9 4
40	26 7 5

Row	Clues (left to right)
1	7 8 9
2	7 1 7 9
3	6 2 10 9
4	2 11 9
5	7 12 9
6	1 12 9
7	1 12 9
8	1 2 11 9
9	2 2 3 7 7
10	2 2 3 12 6
11	6 3 2 3 3 5
12	6 2 2 4 1 5
13	4 1 1 3 3 2 5
14	3 2 2 2 1 2 2 5
15	2 3 1 4 2 2 6
16	1 4 4 1 2 7
17	7 2 2 2 7
18	3 2 1 2 2 7
19	3 5 2 3 7
20	1 3 1 2 3 7
21	1 3 2 2 5 6
22	2 5 2 2 4 6
23	2 1 4 1 6
24	3 3 2 3 2 6
25	3 4 2 2 1 2
26	4 6 2 2 7 1
27	4 4 4 1 2 2 3
28	4 2 7 3 1 3
29	4 2 3 4 4
30	3 1 3 3 3
31	20 1 2 4
32	17 1 1 4
33	4 2 1 1 1 3 1 7
34	3 1 1 1 4 1 2 6
35	4 1 1 1 2 1 2 9
36	4 1 1 1 1 1 3 1 6 1
37	4 1 1 3 1 2 2
38	9 2 1 7 3 8
39	9 12 5 8
40	10 17 8

A19 밴드에 내가 빠질 수 없죠

난이도 ★★☆☆☆

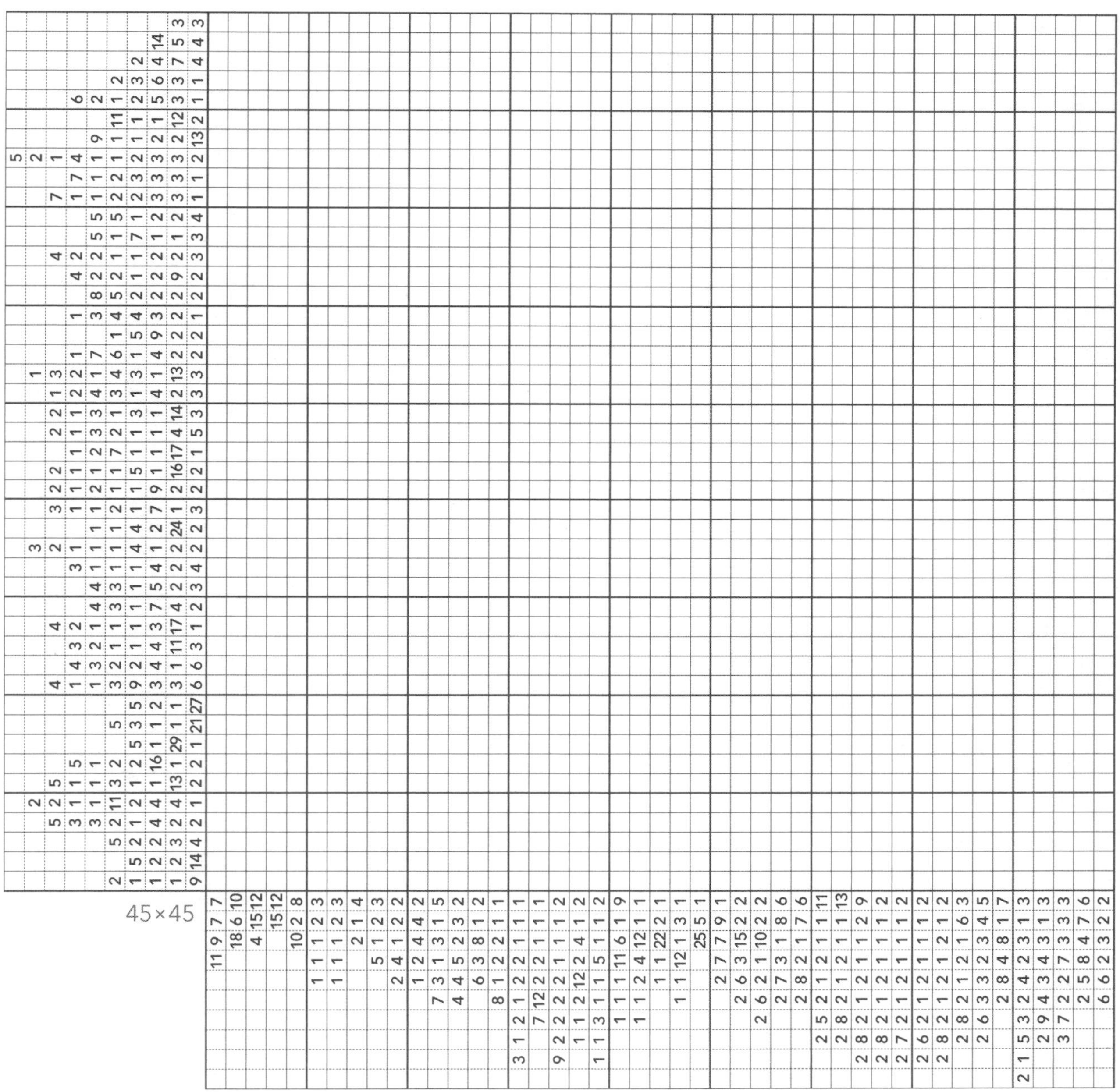

45×45

A20 우리 집에 초대한 적 없어요

난이도 ★★☆☆☆

45×45

A21 앞다리를 뻗어 먹이를 사냥해요

난이도 ★★☆☆☆

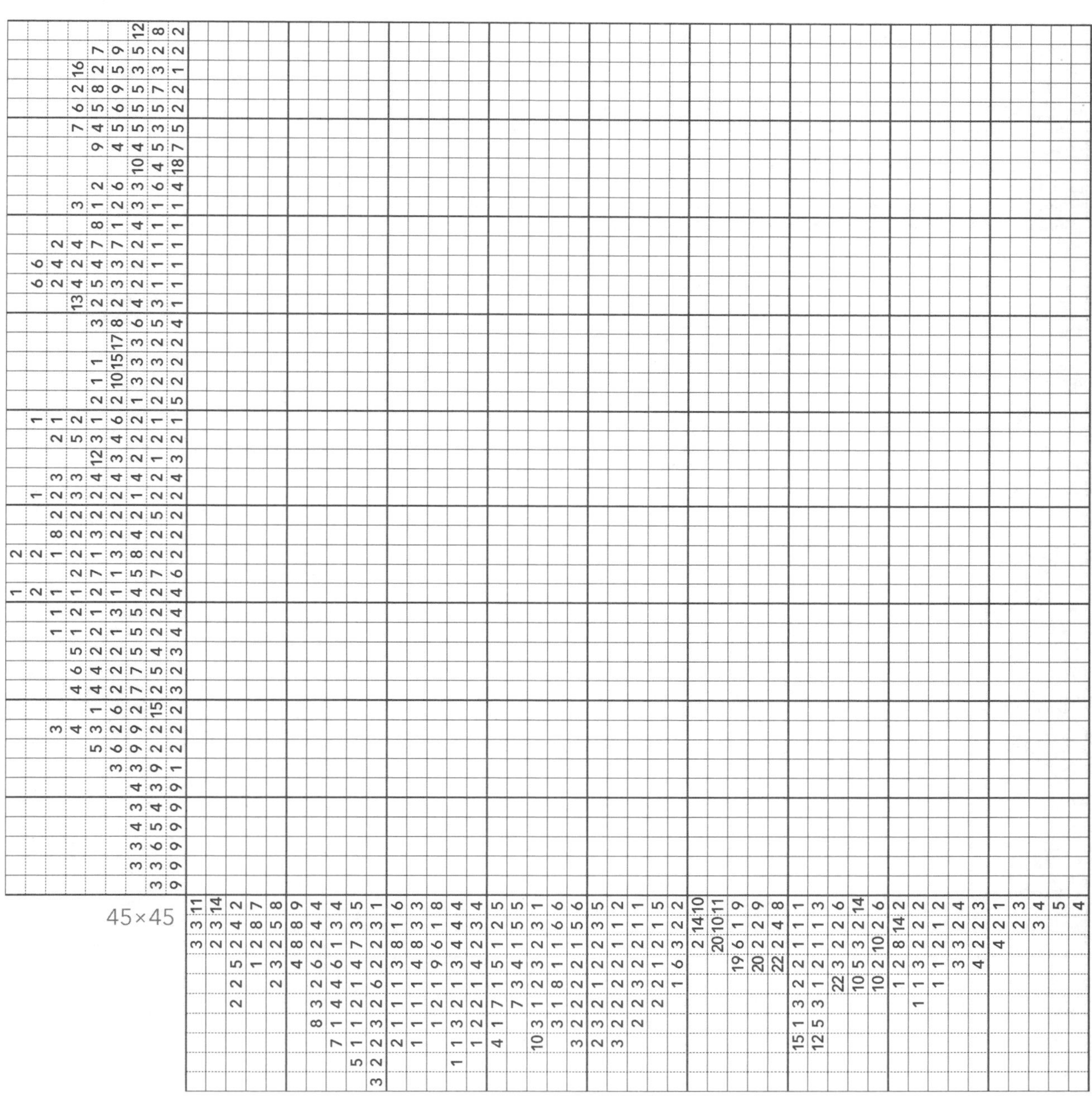

45×45

A22 네트를 사이에 두고 공을 넘겨요

난이도 ★★☆☆☆ (2.5 of 5 stars)

45×45

A23 얼른 탈출하고 싶어요

난이도 ★★☆☆☆

45×45

A24 좋은 말만 해주세요~

난이도 ★★½☆☆

45×45

열	힌트
1	10 5
2	10 7
3	17 7 2 2 1
4	9 3 7 2 2 1
5	9 2 9 2 2 1
6	10 1 2 7 2 2 1
7	10 1 1 5 2 2 1
8	11 1 4 4 2 2 1
9	8 4 1 2 4 2 2 1
10	8 1 1 3 4 2 2 1
11	8 4 1 1 5 2 2 1
12	6 2 1 1 2 5
13	5 2 4 1 7
14	4 4 1 1 18
15	4 2 4 1 18
16	3 3 2 19
17	2 4 1 21
18	1 4 2 10 11
19	1 4 1 3 5
20	2 3 2 2 4 3
21	2 3 1 2 2 2 4
22	2 1 1 1 2 1 2 1
23	2 2 6 3 3
24	2 1 2 1 4 3 1
25	2 1 5 3 1 2 2 2 1
26	2 3 3 3 3 1 5 1
27	4 3 4 4 4 1 1 1
28	6 2 14 1 1 1
29	10 6 2 1 2 1 1 1
30	10 7 1 4 5
31	10 3 4 9 3
32	8 2 2 2 9 2
33	6 3 1 1 12 1
34	5 1 2 1 5 7
35	4 2 5 7 7
36	4 1 1 2 5 7 6
37	6 3 5 5 6
38	7 3 4 5
39	8 3 4 4
40	11 4 7
41	12 3 4
42	16 2
43	14 2
44	12 2
45	9 2

행	힌트
1	21
2	17 3
3	16 2
4	15 2 5
5	13 8
6	12 8
7	11 2 8
8	12 4 11
9	8 2 6 15
10	3 3 9 15
11	1 2 4 2 16
12	1 1 1 1 5 9
13	1 1 1 3 6 10
14	1 3 1 1 6 8
15	1 3 1 4 2 1 7
16	2 3 3 2 1 7
17	3 3 1 1 3 6
18	13 2 2 1 3 6
19	6 2 6
20	1 7 2 5
21	2 2 5 4 3
22	6 6 3 5
23	4 16
24	1 2 9
25	2 4 6
26	2 4
27	3 4 4
28	4 5 2 5 2
29	2 3 7 4 1 3
30	2 1 1 8 4 1 4
31	6 1 1 5 4 2 4
32	6 6 3 2 7
33	7 7 2 3 9
34	17 1 3 4 5
35	17 1 12 3
36	11 5 2 3 4 3
37	9 5 3 4 6
38	6 2 3 9
39	9 6 4 11
40	9 6 2 6 8
41	6 4 2 7
42	9 6 2 2 1 6
43	9 5 4 2 5
44	5 2 10 3
45	9 5 4 5

A25 장수를 상징하는 새

난이도 ★★☆☆☆

50×40

A26 먼저 팔을 넘겨야 해요

난이도 ★★☆☆☆

50×40

A27 껴안고 연주해요

난이도 ★★☆☆☆ (2.5 of 5 stars)

50×40

5
9 1 3
2 1 1 1 1 1 1 4
3 1 1 12
2 1 1 1 1 1 1 1 4
21
2 6
15 2
3 4 1
15 3
2 4 3
3 7 6
8 5 3
3 15
4 5 3
2 8 13
2 6 5 3
2 5 2 3 10
6 8 8 2 3
9 3 9 9
2 5 2 6 2 4 1 1 3
2 2 6 8 9
1 2 1 3 1 2 2 1 3 1 2 2
1 2 2 6 7 9
1 2 2 2 1 3 1 7 1 3
1 2 1 1 4 1 5 2 2 1 3
1 2 3 3 6 2 2 2 1 2
1 2 1 3 3 1 2 2 4 2 2
1 2 4 3 1 2 4 6 2
2 5 2 1 1 1 1 2 6
6 3 1 1 1 1 2 2
2 3 1 4 1 3
2 3 11 2
1 2 1 10 3
1 1 11
2 2 6
3
3
4
4
3
3
3
3
31
32
3
3
3
2

4
2 2
2 3
2 2 2
5 1
6 1 2
9 1 3
4 8 3
4 6 3
1 2 4 1 3 3
2 1 2 3 3
3 1 2 2 4
2 1 1 1 8
3 2 4 3 6 2
10 1 2 5 1 2
15 2 1 3 2
9 1 6 1 2 2
4 1 1 1 8 3 2
6 1 1 1 1 2 1 1 5 2
5 1 1 1 1 1 13 2
1 1 1 1 1 1 1 1 2 1 1 3 2
2 2 1 1 1 1 1 2 8 2 2
1 1 1 1 1 1 1 1 4 1 1 4 2
2 2 1 1 1 1 1 3 6 2 2
1 1 1 1 1 1 1 1 1 3 9 2
2 2 1 1 1 1 1 8 4 2
1 1 1 1 1 1 1 1 4 1 4 4 2
6 1 1 1 1 1 2 14 2
1 1 1 1 1 1 1 1 4 2 1 4 2
6 1 1 2 1 13 4 2
1 1 1 1 1 2 1 2 1 4 1 3 2
6 1 1 2 1 8 5 2 2
1 1 1 1 1 2 1 3 1 8 2 2
6 1 1 2 1 1 8 1 2 2
2 2 1 1 1 1 3 1 1 4 2 2
5 1 1 1 1 18 2
5 1 1 1 1 1 1 3 3 3 2
19 3 1 2
4 20 2
20 2

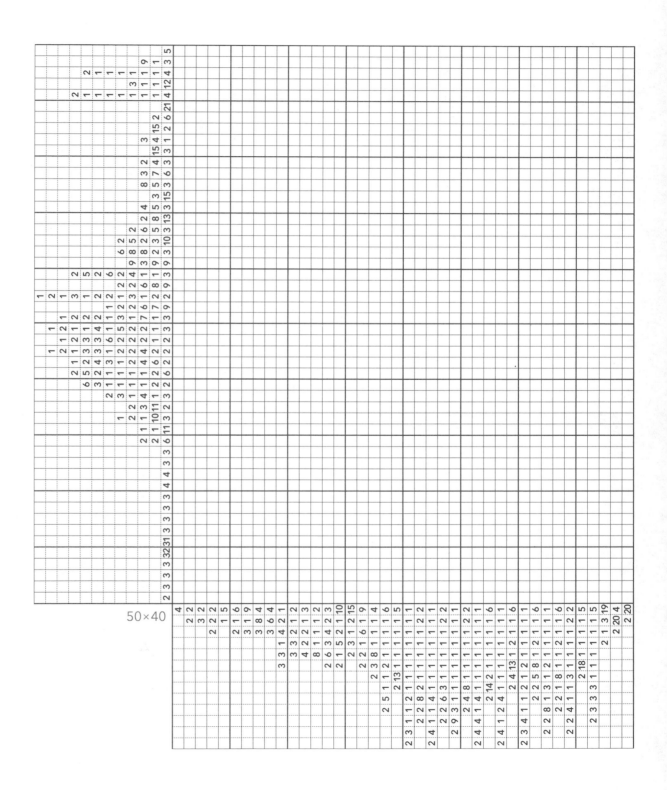

A28 학교에서 배웠던 피리

난이도 ★★☆☆☆

50×40

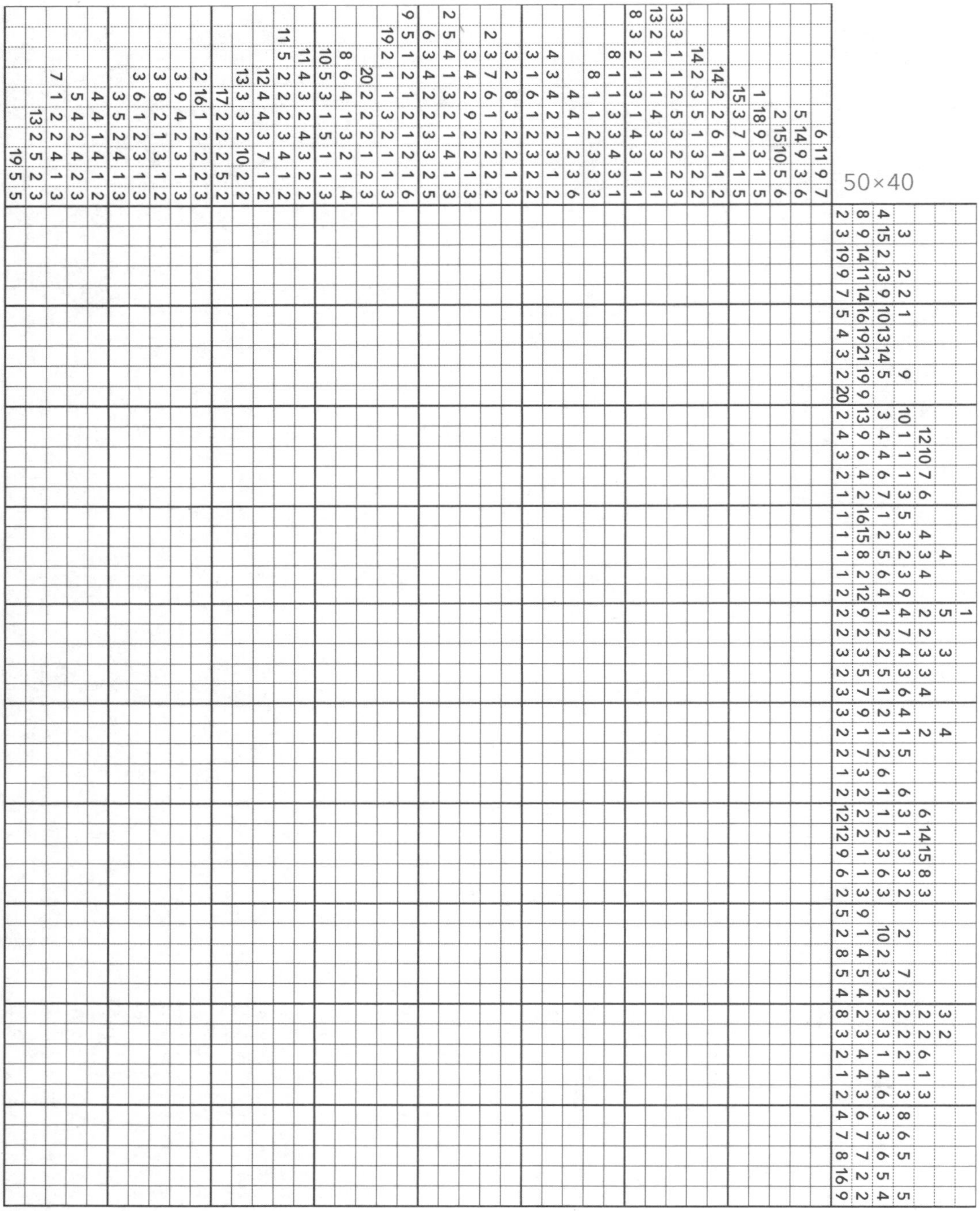

Column clues (left to right, top to bottom):

1. 19 5 5
2. 13 2 5 2 3
3. 7 1 2 2 4 1 3
4. 5 4 2 4 2 3
5. 4 4 1 4 1 2
6. 3 5 2 4 1 3
7. 3 6 1 2 3 1 3
8. 3 8 2 1 3 1 2
9. 3 9 4 2 3 1 3
10. 2 16 1 2 2 2 3
11. 17 2 2 2 5 2
12. 13 3 3 2 10 2 2
13. 12 4 4 3 7 1 2
14. 11 5 2 2 2 3 4 1 2
15. 11 4 3 2 4 3 2 2
16. 10 5 3 1 5 1 1 3
17. 8 6 4 1 3 2 1 4
18. 20 2 2 2 1 2 3
19. 19 2 1 1 3 2 1 1 3
20. 9 5 1 2 1 2 1 2 1 6
21. 6 3 4 2 2 3 3 2 5
22. 2 5 4 1 3 2 1 4 1 3
23. 3 4 2 9 2 2 1 3
24. 2 3 7 6 1 2 2 2 2
25. 3 2 8 3 2 2 1 3
26. 3 1 6 1 2 3 2 2
27. 4 3 4 2 2 3 1 2
28. 4 4 1 2 3 6
29. 8 1 1 2 3 3 3
30. 8 1 1 3 3 4 3 1
31. 8 3 2 1 3 1 4 3 1 1
32. 13 2 1 1 1 4 3 3 1 1
33. 13 3 1 1 2 5 3 2 2 3
34. 14 2 3 5 1 3 2 2
35. 14 2 2 6 1 1 2
36. 15 3 7 1 1 5
37. 1 18 9 3 1 5
38. 2 15 10 5 6
39. 5 14 9 3 6
40. 6 11 9 7

Row clues (top to bottom):

1. 2 8 4
2. 3 9 15 3
3. 19 14 2
4. 9 11 13 2
5. 7 14 9 2
6. 5 16 10 1
7. 4 19 13
8. 3 21 14
9. 2 19 5 9
10. 20 9
11. 2 13 3 10
12. 4 9 4 1 12
13. 3 6 4 1 10
14. 2 4 6 1 7
15. 1 2 7 3 6
16. 1 16 1 5
17. 1 15 2 3 4
18. 1 8 5 2 3 4
19. 1 2 6 3 4
20. 2 12 4 9
21. 2 9 1 4 2 5 1
22. 2 2 2 7 2
23. 3 3 2 4 3 3
24. 2 5 5 3 3
25. 3 7 1 6 4
26. 3 9 2 4
27. 2 1 1 1 2 4
28. 2 7 2 5
29. 1 3 6
30. 2 2 1 6
31. 12 2 1 3 6
32. 12 2 2 1 14
33. 9 1 3 3 15
34. 6 1 6 3 8
35. 2 3 3 2 3
36. 5 9
37. 2 1 10 2
38. 8 4 2
39. 5 5 3 7
40. 4 4 2 2
41. 8 2 3 2 2 3
42. 3 3 3 2 2 2
43. 2 4 1 2 6
44. 1 4 4 1 1
45. 2 3 6 3 3
46. 4 6 3 8
47. 7 7 3 6
48. 8 7 6 5
49. 16 2 5
50. 9 2 4 5

A29 그냥 떠나지 말아요~

난이도 ★★☆☆☆

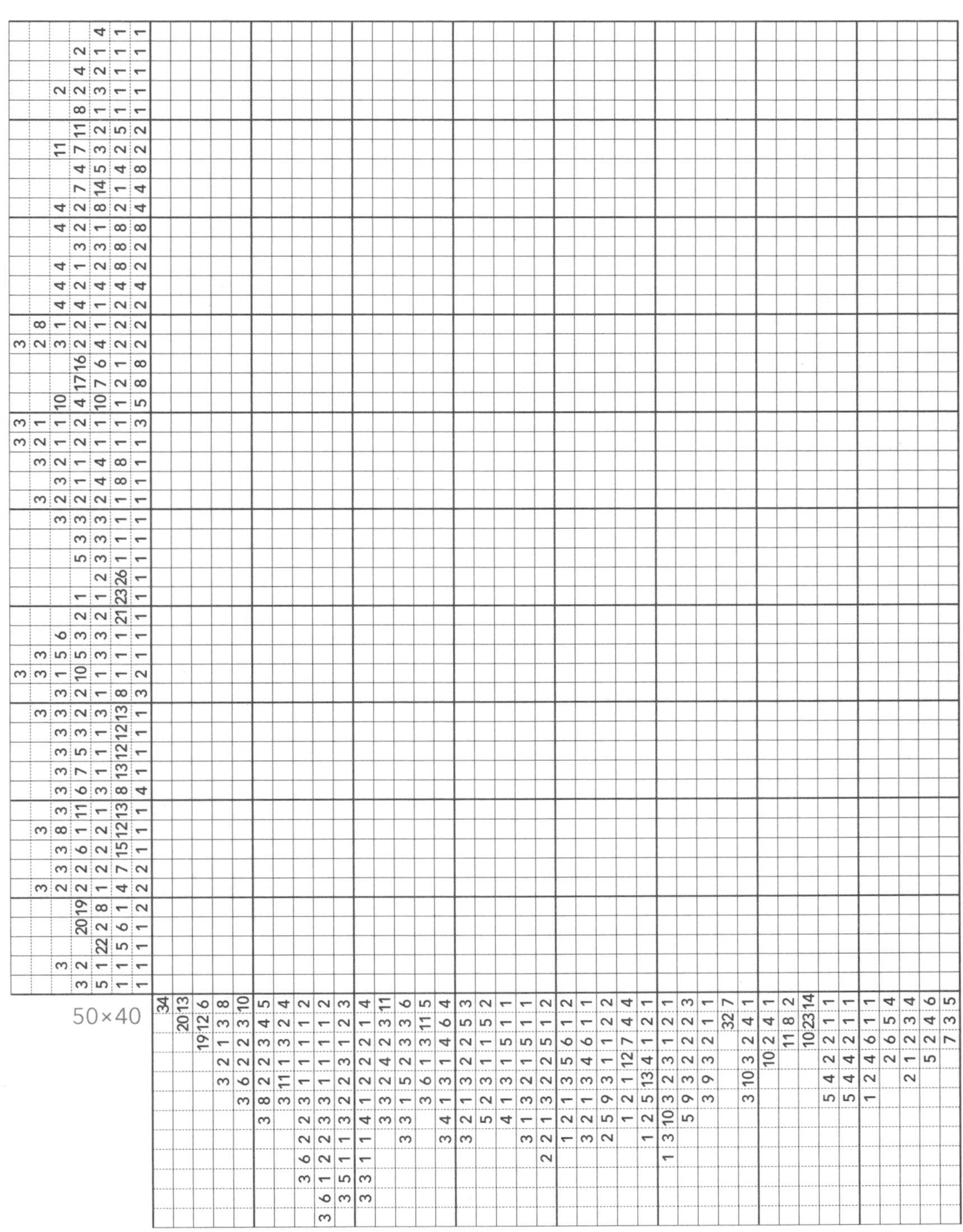

50×40

A30 단거리를 엄청 빨리 달려요

난이도 ★★☆☆☆ (2.5/5)

50×40

Column	Clues
1	9 7 9 9
2	8 4 4 9 9
3	4 2 2 5 9 4 4
4	3 1 7 1 13 4
5	4 6 3 2 9 4
6	7 3 2 1 6 8 4
7	4 2 2 3 2 2 4 7 4
8	2 4 4 1 2 4 4
9	1 5 5 2 2 4 4 2
10	2 7 4 2 5 4 1
11	14 2 2 2 4 4 1
12	7 6 3 2 1 4 1 5
13	13 3 2 1 2 1 4
14	13 2 2 2 5
15	13 3 2 2 2 2 1 5
16	5 6 3 1 2 1 1 3
17	5 6 2 1 3 2 1 3
18	1 4 5 2 2 1 2 4 1 3
19	2 2 5 2 2 4 5 2 2
20	3 2 4 3 1 2 4 1 3
21	4 4 3 2 9 1 3
22	6 2 2 7 2 2
23	6 3 2 1 2 3 3
24	3 5 3 2 3 1 2 1
25	1 2 6 2 2 2 3 1 1
26	4 6 2 2 2 4 2 1
27	4 4 2 1 4 3 2 1
28	3 8 3 2 6 2
29	12 3 2 6 1
30	2 3 5 2 2 2 2 2
31	3 3 4 3 2 2 2 2 1
32	4 3 4 2 2 2 3 1
33	3 1 2 2 9 1 1
34	2 3 5 4 1 2 4 2 1
35	1 3 5 2 2 2 2 4 1 2
36	4 5 1 2 2 2 4 2 2
37	9 4 2 2 5 1 3
38	3 4 5 2 2 1 4 2 2 3
39	1 6 2 1 3 1 4 4
40	8 1 2 2 3 2 5
41	8 4 3 2 10
42	8 3 1 2 2 10
43	4 3 2 1 2 14
44	8 2 1 2 2 2 14
45	9 1 2 3 1 2 5 8
46	9 6 3 1 2 5 8
47	10 2 5 2 5 8
48	12 3 2 4 5 8
49	13 5 11 8
50	2 4 6 3 12 8

Row clues (left to right)

Row	Clues
1	2 4 4 37
2	2 5 8 6 9 3 11
3	2 6 8 5 4 3 15
4	3 3 1 8 3 3 2 1 4 12
5	3 1 1 9 2 1 4 2 6 7
6	3 4 5 3 2 6 1 15
7	3 5 7 1 5 2 16
8	2 1 1 2 7 7 1 16
9	1 6 12 8 4 6
10	2 3 13 3 4 3 7 4
11	2 2 14 8 2 3 6 3
12	5 15 8 1 2 3 1 3
13	4 10 4 2 2 2
14	1 1 8 10 2 3 5 1
15	1 2 17 3 2 2
16	5 6 2 2 5 2 2 1 3
17	7 5 2 2 2 2 2 2 2 1 2
18	3 4 2 2 2 2 2 1 4 2
19	2 2 2 4 2 1 3 1 6
20	3 2 2 2 1 1 2 2 2 2 2 2 4 1
21	4 2 2 2 2 2 4 1 2
22	3 1 2 2 2 3 2 2 2 1 2 3 3
23	4 1 2 1 5 2 2 2 2 2 3
24	4 2 1 1 2 2 2 2 2 2 9
25	4 3 2 2 1 2 1 2 2 9
26	4 4 2 2 3 2 1 2 1 2
27	5 3 2 2 8 2 1 8
28	6 6 3 4 2 1 2 11
29	7 4 2 4 2 2 2 12
30	7 3 2 4 2 2 3 8
31	4 2 1 3 2 6 10
32	7 2 3 3 7 4
33	7 1 1 8 7 1 10
34	7 1 2 1 3 1 10
35	7 4 3 1 2 1 2 10
36	2 14 3 2 3 11
37	8 6 3 4 2 3 12
38	8 9 2 5 14
39	9 8 1 3 16
40	11 6 6 20

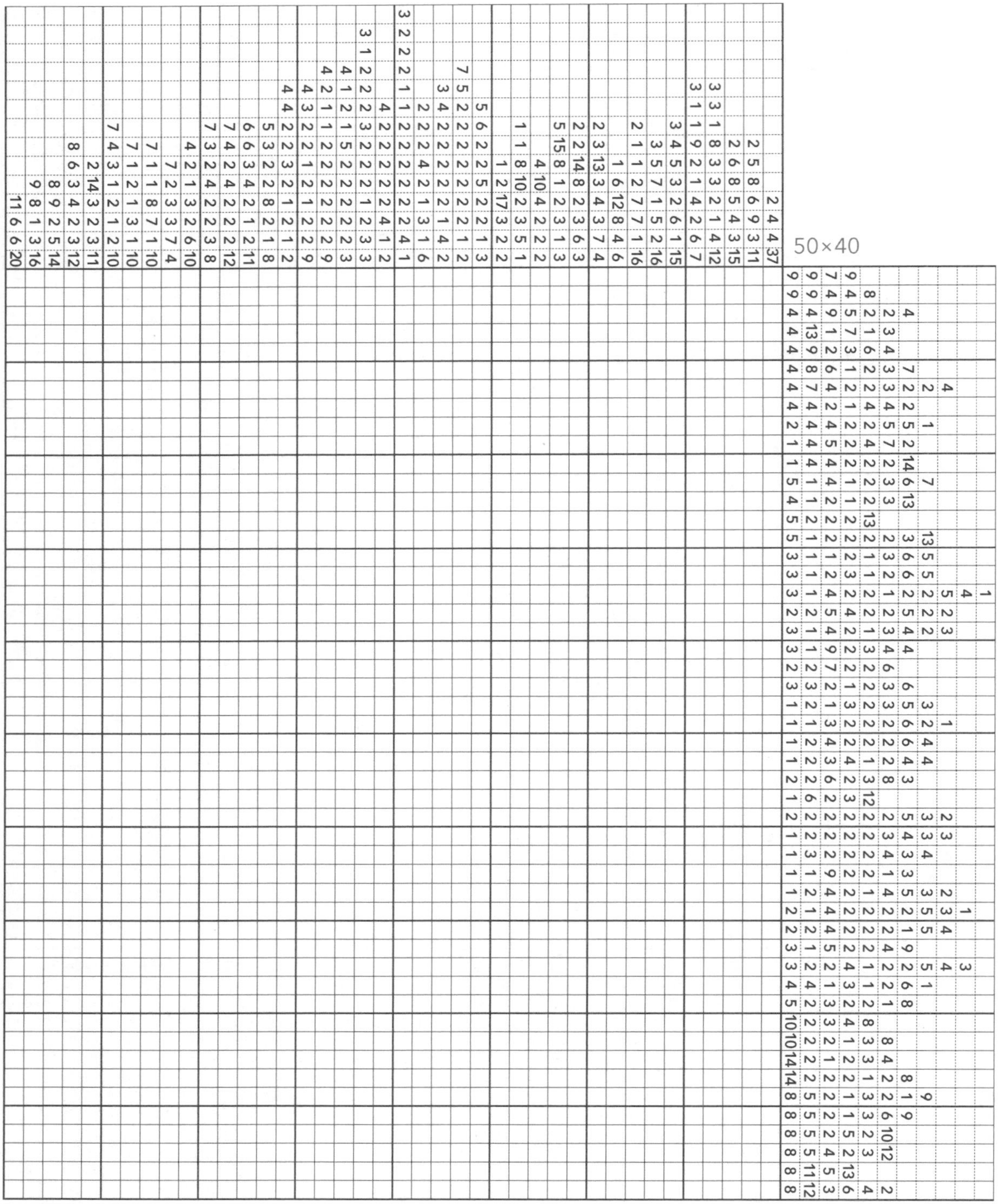

A31 우아하게 점프해요

난이도 ★★☆☆☆

40×50

열	힌트
1	1 3 1 1 7 2
2	3 3 7 7 2
3	1 1 8 7 7 2
4	4 1 5 1 1 7 2
5	1 2 1 3 1 1 7 2
6	2 1 5 3 1 1 7 2
7	7 4 6 1 7 2
8	1 3 2 7 1 7 2
9	1 4 2 8 7 2
10	1 1 2 19 2
11	2 3 12 7 2 1
12	2 4 11 12 1
13	3 3 12 1 3
14	2 3 11 1 1 1
15	1 3 3 25 1 1
16	1 3 15 7 4 1 1
17	1 3 3 8 2 7 2 1 3
18	1 9 9 1 7 2 5
19	1 23 1 7 2 2 1
20	1 6 3 10 1 7 2 1
21	1 7 1 13 7 3
22	2 4 1 12 7 2
23	2 4 3 7 1 7 2
24	2 2 2 7 1 1 7 2
25	2 7 2 2 1 1 7 2
26	2 3 1 1 1 1 7 2
27	2 1 2 1 1 7 2
28	2 2 1 7 7 2
29	2 1 2 7 7 2
30	2 2 1 1 1 7 2
31	2 1 2 1 1 7 3
32	2 1 1 1 1 7 2
33	3 2 2 1 1 7 2
34	3 1 1 1 1 7 3
35	3 1 2 7 7 2
36	3 1 1 7 7 3
37	3 1 2 1 1 7 2
38	3 4 1 1 7 3
39	3 2 1 1 1 7 2
40	3 2 1 1 7 2

행	힌트
1	4 26
2	1 8 19
3	4 2 2 8
4	1 2 3 2
5	2 5 1 3
6	1 5 2 7
7	2 1 1 1 2 9
8	1 2 2 1 10
9	1 1 1 2 6 2
10	4 1 1 4 2
11	1 1 2 4 1 1
12	1 2 1 3 1
13	1 1 2 4 2 8
14	2 1 1 7 4 3
15	1 1 2 2 1 3 1 2
16	1 1 1 1 6 7
17	1 2 2 2 2 3
18	2 2 1 2 1 3
19	1 2 1 4 3 3
20	2 3 12
21	1 14
22	2 15
23	2 14
24	17
25	40
26	2 16 2 2
27	2 13 2 2 2
28	2 9 2 2 2
29	2 9 2 2 2
30	2 9 2 2 2
31	10 28
32	1 1
33	1 1
34	11 26
35	11 26
36	11 26
37	12 26
38	12 26
39	12 26
40	12 26
41	1 1
42	1 1
43	12 7
44	27
45	1 2 11
46	1 3 7
47	1 2 6
48	8 5
49	1 2 5
50	10 3

A32 고흐를 대표하는 꽃이에요

난이도 ★★☆☆☆

40×50

열	
1	5 19 10 1
2	13 5 17 3
3	13 21 3
4	11 4 5 7 5
5	8 2 3 2 6 1 4
6	2 8 3 1 6 1 5
7	10 1 1 2 3 3 1 1 3
8	6 1 2 1 1 1 7 2 1 4
9	5 2 2 1 1 2 3 2 3 2 2
10	6 1 2 2 1 2 1 1 1 2 2 3
11	6 2 1 2 1 2 2 2 2 3 3
12	8 2 9 2 1 1 2 3
13	1 3 4 1 5 3 6 4
14	1 2 2 1 1 3 7 1 1 4
15	2 4 1 1 6 4 2 5
16	3 2 2 1 5 1 3 2 6 2
17	4 6 4 2 2 3 2 4
18	5 3 10 1 6 2 3 2
19	5 2 2 6 5 2 4
20	9 3 9 1 1 2 2
21	3 5 1 10 4 15
22	2 1 4 4 23
23	1 2 11 1 14
24	2 3 7 2 2 3
25	3 6 1 5 1 2 1 5
26	9 3 1 1 1 5 2 7
27	7 2 2 1 4 3 3 9
28	6 2 3 1 4 2 6 10
29	5 2 14 2 2 5 2 1
30	4 2 1 1 2 2 2 2 6 1 1
31	2 1 2 1 2 2 1 4 1 1 1
32	3 2 1 1 1 2 1 5 1 3
33	3 3 1 1 1 2 1 4 1 2
34	4 4 1 2 2 2 5 1 1
35	9 2 2 8 3 1 1 2
36	8 3 2 5 4 1 3
37	9 4 5 5 3 1 2
38	4 3 6 10 2 4
39	15 11 2 4
40	19 6 5

행	
1	3 15
2	6 11 7 4
3	8 3 6 13
4	5 6 4 13
5	12 3 5 6
6	11 1 3 6
7	12 1 2 7
8	12 1 1 1 4 2
9	7 2 2 2 2 7
10	4 2 1 1 1 1 1 8
11	7 2 2 2 2 2 1 4
12	9 2 2 2 2 2 2 2
13	3 3 13 3 3
14	1 2 3 1 1 2 2 3
15	2 2 4 1 4 4
16	2 3 2 1 1 1 1 3 6
17	3 5 6 2 10
18	6 3 8 1 3 5
19	12 3 6 2 2
20	1 4 3 11 5 1
21	4 2 6 4 1 2
22	3 1 2 8 1 3 4
23	4 6 1 10 12
24	7 2 8 1 2 7
25	5 4 1 6 2 3
26	3 3 2 1 1 1 4 4
27	4 3 3 1 1 7 3
28	3 2 3 1 4 2 5
29	3 2 15 8
30	3 5 2 2 2 1 3 7
31	9 2 2 2 2 2 6
32	9 2 2 2 1 1 3
33	6 1 1 2 1 2 1
34	8 1 1 1 3 1
35	8 3 1 8
36	9 5 3 1 2
37	3 3 4 5 2 5
38	3 10 7
39	8 3 3 2 6 1
40	3 2 3 2 3 7 2
41	6 2 3 3 7 2
42	7 1 1 2 3 13
43	3 1 1 2 3 7 2
44	9 3 3 5 1
45	9 1 1 3 14
46	2 2 2 3 4 2
47	10 1 9 2
48	7 19
49	19 2
50	5 2 6

B33 금목걸이가 잘 어울려요

난이도 ★★★☆☆

50×50

Column	Clues (top to bottom)
1	2 3 5 6 11 6
2	14 7 5 5 2 6
3	4 3 5 2 2 2 4 2 3 2
4	7 10 3 1 4 2 6
5	6 6 1 1 1 3 1 6
6	2 5 3 3 4 1 4 2 1 4
7	2 5 5 2 1 1 4 1 5
8	8 1 2 1 3 7
9	2 8 1 2 1 2 1 7
10	2 6 1 2 1 1 2 7
11	8 2 1 3 4 7
12	4 2 6 2 2 4 3
13	6 3 2 1 5
14	3 2 2 2 6
15	3 3 2 6
16	1 2 3 2 5
17	2 5 5 1 3 4
18	3 3 5 2 7
19	3 3 4 4 2
20	12 7 1 2
21	18 1 5
22	18 4 9
23	7 16 17
24	5 2 1 1 24 7
25	4 1 1 3 7 11 6
26	4 2 1 3 3 4 7 6
27	3 1 6 4 3 6
28	3 1 4 1 7 7 2 7
29	2 1 1 1 5 4 6 13
30	3 1 4 2 1 2 1 5 14
31	3 1 1 2 2 1 1 21
32	3 1 3 1 1 1 4 4 7 2
33	3 2 1 3 1 1 5 2 3 2 2
34	4 1 5 1 5 3 2 2
35	4 2 3 2 3 2 3
36	5 2 3 4 2 5
37	6 4 3 10 2 1
38	7 3 6 1 2 1 2
39	10 10 3 1 1
40	22 3 1 1
41	23 3 1 1
42	26 3 4
43	2 8 12 3 8
44	3 3 5 3 3 3 6
45	3 3 5 8 3 2 3
46	3 5 4 7 2 6
47	1 6 3 2 4 6
48	4 2 2 3 4 4 1
49	7 2 7 6
50	1 8 1 4

Row	Clues (left to right)
1	3 3 5 2 6 10 4
2	7 7 21 2
3	4 5 26 3
4	7 6 9 13 3
5	2 4 3 1 8 7 3 2
6	13 2 4 7 2 2
7	3 7 5 8 7 2
8	4 6 6 3 3 8 1
9	2 3 8 2 9 1
10	4 4 2 4 10 8 3 1
11	4 4 2 6 2 1 2 2 5 2
12	8 2 5 6 4 2 5 2
13	4 2 6 4 6 1 6 2
14	6 11 4 4 2 2
15	3 2 3 2 5 3
16	5 2 4 7 3
17	4 2 5 4 7 5
18	2 1 1 5 9 8 4
19	4 7 3 2 8
20	3 3 3 7 1 9
21	2 2 2 8 2 5 2
22	2 1 1 2 5 1 3 1 8
23	1 1 6 5 3 11
24	5 2 7 1 3 1 8
25	2 3 1 2 2 1 5 1 2 2 1
26	1 8 3 1 1 7 1 2 2 2
27	1 3 1 1 1 5 1 2 1
28	1 8 2 1 1 1 2 3 1
29	2 2 1 3 1 4 1
30	1 3 2 2 1 3 2 2 1
31	1 3 2 2 6 3 1 1
32	1 5 2 2 10 2 2
33	2 4 2 3 7 1 1
34	7 2 4 4 2 1
35	6 2 4 2 2 2 2
36	5 2 1 4 2 2 2 1
37	4 1 1 4 1 4 1 1
38	1 2 4 5 2
39	2 2 4 7 2
40	2 3 2 5 2 1
41	2 2 1 1 4 1 2
42	3 2 2 2 3 2 1
43	2 3 1 2 3 2 2 2
44	5 1 3 4 2 7
45	17 10 9
46	5 10 10 3 8
47	11 4 10 2 1 7 5
48	2 13 10 2 1 8
49	16 11 1 5 2
50	6 5 2 11 1 8

B34 말레이어로 '끈질긴 물고기'래요

난이도 ★★★☆☆

50×50

Column	Clue
1	14 2
2	9 6 5
3	16 1 1 2
4	13 2 2 2 1
5	4 11 1 1 1
6	8 7 2 2 1
7	14 2 1 2 1
8	15 2 4 1
9	12 2 1 2 1
10	6 8 2 1
11	15 1 1 2 4
12	15 2 2 2 3 2
13	14 2 9 2 8
14	10 2 1 1 1 7 2 3
15	14 1 1 2 3 8
16	8 5 1 2 2 1 6 2
17	3 5 2 2 1 3 2 8 5
18	4 5 2 1 1 1 1 2 1 7 2
19	4 5 4 4 1 1 4 4 3
20	8 4 2 3 1 3 7 2
21	1 6 3 1 1 2 3 3 6
22	2 5 3 11 5 2
23	8 3 2 1 4 1
24	1 7 4 9 7
25	2 9 1 4 2
26	2 1 12 3
27	21 8 7
28	1 5 2 7 5
29	2 14 7 1
30	9 6 3 2 11 2
31	3 5 5 2 2 3 5 1
32	4 4 4 3 3 3 4 3 1
33	8 4 7 2 3 4 3
34	1 4 3 10 3 3 2 3
35	4 3 3 4 1 2 4 3 2 2
36	4 3 3 2 5 2 2 2 5
37	3 2 2 2 4 2 2 2 2 2
38	3 2 2 2 2 1 1 1 2 2 2 4
39	2 3 3 2 3 1 1 1 4 2 4 1
40	1 3 2 2 2 1 1 2 4 1 3
41	5 3 1 2 1 1 2 1 3 2 3
42	4 3 2 2 1 1 1 2 3 2 1 1
43	3 3 2 3 1 1 1 2 3 3 2
44	2 6 2 2 1 1 1 1 6 3
45	8 1 2 2 1 1 1 2 3 3
46	6 2 2 1 1 1 3 3 2
47	6 2 4 2 1 3 1
48	8 2 5 1 1 2
49	12 9 4
50	2 23

Row clues (left to right)

Row	Clue
1	5 6 31 4
2	19 2 3 5 5 10
3	20 1 1 9 3 5
4	16 3 1 1 1 5 3 7
5	4 12 1 1 1 1 2 3 7
6	17 1 1 1 1 2 3 7
7	9 8 2 2 1 1 1 4 4 3
8	18 2 2 1 1 2 3 4 3
9	5 9 2 1 1 1 2 1 2 4 2
10	1 14 2 1 1 1 1 2 2 4 2
11	16 2 2 1 1 1 2 1 4 5
12	13 2 1 2 2 1 3 2 3 8
13	8 8 2 1 2 1 3 1 2 3 1
14	3 13 2 1 1 1 3 1 1 3 1
15	12 1 1 2 1 1 2 2 2 2 3
16	6 1 2 1 1 1 2 1 1 2 8
17	1 1 3 4 1 2 2 10
18	1 2 2 3 2 1 2 5 4
19	2 4 3 1 4 3 6
20	15 3 3 5 2
21	6 11 4
22	4 19 2
23	3 3 2 2
24	2 4 4 1
25	2 3 3 2 10
26	3 2 2 2 2 2 4 2
27	3 2 5 4 4 2 4 1
28	2 1 2 1 3 1 2 2 2 8
29	4 4 5 2 4 1 1 3 3
30	1 2 2 1 15 2 2 3 3
31	2 2 1 1 2 1 1 1 3 2
32	3 8 2 1 2 2 2 1 6
33	10 6 1 2 2 1 2 8
34	4 3 1 2 3 2 2 5
35	3 5 1 1 2 2 1 2 3
36	1 1 2 1 1 1 3 3 2 2 2
37	2 1 2 1 2 1 1 1 1 1 1 5
38	1 1 4 1 2 1 1 1 1 2 6
39	1 2 3 2 1 1 1 1 2 2 3
40	2 2 2 1 1 2 1 1 1 2 3
41	2 1 4 2 1 1 2 1 6
42	1 1 4 1 1 2 2 2 3
43	1 1 3 1 2 1 1 2 5
44	1 1 6 1 1 1 2 2
45	1 3 3 1 1 2 3
46	5 1 1 2 1 4
47	3 3 2 1 3 5
48	2 12 4
49	3 3 1 5
50	3

B35 나비야~ 나비야~

난이도 ★★★☆☆

50×50

1. 2 1 5 3
2. 2 5 5 3
3. 2 1 2 6 3
4. 2 9 6 3
5. 2 1 4 6 3
6. 2 1 4 6 2
7. 1 2 1 1 6 2
8. 6 2 2 1 6 2
9. 10 2 2 6 2
10. 3 5 6 2
11. 2 3 6 1
12. 3 2 5 1
13. 5 6 5 5 1
14. 1 5 10 3 2 5 1
15. 1 7 9 1 1 4
16. 1 6 9 1 4 4
17. 1 7 4 4 4 6
18. 1 6 1 1 6 4 7
19. 1 5 1 2 3 4 1 6
20. 1 5 1 1 4 1 4
21. 1 5 1 1 4 1 3
22. 1 4 1 1 4 3 1
23. 1 4 4 1 1 7 3 2
24. 2 4 2 2 1 1 6 3
25. 2 4 1 3 4 1 1 3 2 2
26. 2 3 1 6 2 1 1 3 2 2 1
27. 2 3 1 8 3 1 3 4 1
28. 2 2 3 3 3 1 12 3 1
29. 2 2 1 1 2 2 9 2 2 1
30. 2 2 2 1 4 2 1 9 2 2
31. 4 1 1 7 1 1 2 4 1 1 2
32. 3 1 1 3 3 1 9 2 2
33. 1 1 2 2 1 1 5 4 2 2
34. 1 1 2 2 14 2 2
35. 1 1 2 3 4 10 2 2
36. 4 1 2 4 7 4 1 1 2
37. 2 2 2 3 3 4 10 2 3
38. 2 3 1 2 6 1 8 1 3
39. 3 1 2 2 2 5 1 3 3 1 3
40. 6 1 2 1 2 1 1 1 7 1 3
41. 9 6 1 1 1 4 1 1 4
42. 1 1 1 3 2 1 1 2 3 1 4
43. 2 1 6 1 2 1 2 3 4
44. 8 2 2 2 1 1 1 4
45. 1 3 2 2 2 1 2 4
46. 1 3 2 1 2 4 1 4
47. 2 2 2 3 1 1 4 4
48. 2 1 1 1 1 1 2 4
49. 2 1 1 3 3 1 5
50. 2 5 6 5

1. 7 33 7
2. 6 5 9 6 1 4
3. 3 2 2 1 3 1
4. 2 2 3 2 2 2
5. 2 2 6 8
6. 2 1 8 1 2 1
7. 2 2 11 2 4
8. 2 12 3 1
9. 2 10 8 1
10. 2 7 3 3
11. 4 2 6 1 2
12. 3 2 2 5 12 2
13. 1 1 1 8 2 5 1
14. 1 1 1 4 1 2 3 3 1
15. 2 1 1 2 1 8 3 1 3
16. 3 1 2 13 9
17. 7 3 4 2 4 6
18. 3 1 3 4 3 4 2
19. 5 2 3 2 5 5
20. 2 2 4 2 1 3 5
21. 3 1 1 2 2
22. 2 1 4 3 2 3
23. 2 2 2 6 2 4
24. 3 2 4 4 1 1
25. 8 14 3
26. 2 2 8 3 1
27. 2 3 2 1 2 3 3
28. 1 2 2 5 3 2 1
29. 1 8 13 4
30. 2 3 12 3
31. 5 3 9
32. 3 11 2
33. 2 5 10
34. 2 2 13
35. 14 10 5 4
36. 30 7 1 4 1
37. 26 6 4 1 2
38. 25 1 2 1
39. 24 1 1 1
40. 9 3 1 1 3 1
41. 4 3 3 2 1
42. 4 2 2 2 3 1 3
43. 3 2 2 3 6
44. 4 2 4
45. 4 1 4
46. 5 4 2
47. 5 2 10
48. 5 4 2 14
49. 10 5 21
50. 14 25

B 36 바람을 등지고 해야 해요

난이도 ★★★☆☆

50×50

열	
1	7 27
2	2 3 5 2 14 4
3	3 4 8 1 2 6 3
4	3 8 3 3 1 4 6 2
5	3 5 3 2 1 3 2 2 2 1
6	4 2 5 1 8 2 3
7	6 7 1 7 3 2
8	1 4 10 4 4 2
9	2 4 5 1 3 1
10	3 3 3 3 2 1
11	9 3 2 5 2 1
12	8 4 4 1 8 2 2
13	6 7 3 2 8 2 2
14	3 2 8 3 5 1 3
15	2 2 4 2 7 3 3 1
16	1 2 1 1 9 5 1
17	1 2 5 6 10 2
18	2 2 2 1 1 1 1 14 3
19	4 3 2 3 2 2 1 10 4
20	9 2 1 1 11 8
21	5 3 4 6 7 12
22	11 2 2 1 1 2 7 12
23	9 1 1 3 1 21
24	5 1 1 2 2 2 8 3 2
25	3 2 2 6 1 10 3 1
26	1 1 4 2 3 2 11 4
27	3 1 4 8 5 4
28	2 2 3 15 4
29	2 3 2 3 19
30	7 2 3 13 4
31	12 5 4 10 4
32	6 3 2 3 2 1 3 6 3
33	6 3 1 2 3 3 3 3
34	4 1 1 3 12 3
35	5 3 4 3 15
36	6 2 5 3 3 1 3
37	6 3 2 1 3 8 1 3
38	6 3 1 1 3 4 2 3
39	5 1 1 3 4 3 1 3
40	5 5 1 1 4 1 3
41	7 5 1 16
42	10 5 2 15
43	8 5 2 2 14 2
44	7 2 1 3 1 1 1 5
45	10 1 4 2 1 4
46	5 2 1 1 1 1 5
47	2 1 1 2 8 4
48	2 1 5 9 5
49	3 1 2 13
50	8 8 3

행	
1	4 5 6 11
2	5 5 6 16
3	1 4 5 5 17
4	1 3 4 6 16
5	3 3 4 5 6 11
6	4 3 3 1 3 6 3 6
7	5 2 3 1 3 3 6
8	3 2 3 2 3 5 3 5
9	4 2 2 2 3 3 2 2 2
10	3 2 2 3 1 1 3 2 1 2
11	3 2 2 2 3 1 2 1
12	2 3 3 3 1 3 3
13	3 4 3 3 2 3 3
14	2 3 2 3 4 3 3
15	2 3 2 3 2 2 13
16	2 4 4 3 1 1 4 4 2
17	3 4 3 1 1 1 1 2 8 2
18	2 4 3 3 2 2 1 3 3 2
19	2 4 3 4 2 2 2 1
20	8 2 1 2
21	2 5 3 3 2 1 1
22	1 6 3 2 3 1 1 1
23	4 4 1 6 2 2 1 7
24	2 1 1 1 1 4 3 1 1
25	1 3 3 1 2 3 1
26	1 3 3 2 4 4 7 1
27	2 3 10 1 3 2 2
28	5 2 16 2
29	3 4 13 4
30	2 9 6 3 2
31	2 1 5 9 1 2 3 1
32	3 3 12 6 1 7 2
33	23 21
34	8 15 8 9 1
35	8 5 18 1 4 2
36	4 2 3 17 4 3 4
37	3 3 3 5 10 1 6 4
38	2 2 2 4 10 1 3 4
39	2 1 1 2 9 4 1 3 4
40	2 2 1 14 1 3 3
41	1 3 1 2 11 1 3 3
42	1 1 1 2 2 1 3 6 1 3 3
43	1 2 2 1 4 11 2 3 3
44	1 4 2 1 11 9 1
45	1 1 2 1 1 5 2 9 3
46	1 1 2 4 3 1 1 5 2 5
47	2 2 1 5 7 2 7
48	3 2 2 6 10 6
49	4 3 3 8 9 6
50	25 6 4

B37 강남스타일의 대표 춤

난이도 ★★★☆☆

50×50

3 3 3 16
4 1 2 3 16 1
1 2 2 3 2 2 2
4 2 2 3 16 3
5 8 17 4
5 2 3 1 2 5
2 2 2 2 2 16 6
6 4 2 2 2 2 15 6
4 5 1 1 2 7
3 2 8
19 1 28
4 2 1 12
2 1 12
2 1 12
8 1 12
3 3 1 15
3 2 2 3 3 12
2 2 1 3 2 6 1
2 2 8 3 1
1 4 7 3 1
6 8 1 1 1
2 6 6 1 1 1 1
7 7 3 6 3 2 1 2
6 5 1 2 5 6 4 2
3 3 3 3 2 3 1 2 4 3 2
3 3 1 3 1 1 2 12
3 3 1 4 4 1 2 12
3 2 2 1 1 2 1 2 12
3 1 1 1 4 3 1 2 12
3 2 2 1 6 2 2 12
3 3 8 1 1 2 12
3 3 8 2 2 2 5 5
3 3 7 7 2 6 5
17 7 2 2 2 2 4
4 3 7 7 4 1 1 4
1 5 7 2 1 1 4
1 2 7 2 1 3
2 1 7 5 3
3 3 5 6 3
3 4 2 1 9
9 2 1 2 12
2 3 2 1 2 2 14
3 2 4 2 1 2 1 18
1 7 1 1 2 2 1 12
1 4 2 3 2 1 12
5 2 2 34
6 2 2 2 9
1 2 1 10 7
2 3 3 5
3 2 3 3

1 1 7 3
1 1 10 4 1 2
1 1 12 2 2 1
1 1 3 3 6 1
1 1 2 2 5
1 3 1 2 2 5
2 1 1 1 12 4
2 3 1 1 7 6 1
8 1 2 3 5 1 3
1 5 1 1 2 2 2
3 1 1 1 3 1 1
2 2 1 6 1 1 6 2
1 1 2 5 4 2 4
3 2 1 2 16 1 2 3
2 2 1 1 6 6 3 5
3 2 4 6 2 2 3
2 1 4 1 1 1 7 2 1 1 2
1 5 2 2 3 1 1 8 2 4
2 4 2 1 2 3 4 8
6 1 1 2 7 1 3 1
3 3 2 1 1 2 2 1 1 1
1 2 1 1 2 1 2 1 1
2 2 2 2 1 2 2 1 2
13 2 1 1 18 3
8 7 3 1 3 15 2
5 1 5 5 6 1 1
3 2 1 6 10 1
1 4 1 12 9 1
2 2 14 14
3 2 1 8 7 1
4 2 1 7 3 1
2 2 2 1 5 4 2 1
2 2 2 1 2 8 2 1
2 2 2 1 2 2 4 1 1
2 2 2 1 1 2 2 1 1
2 2 2 1 2 2 2 1 1
2 2 2 1 1 2 2 2 1
2 2 2 1 1 3 2 2 1
2 2 2 7 11 6
2 2 2 7 14 6
2 2 2 7 11 3 6
2 4 7 9 10
2 3 9 9 10
5 10 9 15
3 12 12 11
2 15 10 11
1 20 11 10
16 25
15 28
49

B38 치즈가 쭉쭉 늘어나요

난이도 ★★★☆☆

50×50

열	힌트
1	4 5 5 4 17
2	4 5 5 6 2 7 2 2 2
3	4 5 5 2 4 2 6 1 2 1
4	4 5 5 1 3 1 8 1 2 1
5	4 5 5 9 1 1 2 1
6	4 5 5 1 4 1 2 4 1 3 1
7	4 5 5 1 2 4 2 3 2 2 1
8	4 5 5 2 2 2 2 6 1 1 2
9	4 5 5 1 4 1 4 15
10	4 5 5 1 4 3 7 7
11	4 5 1 2 5 4 7
12	5 5 2 2 5 1 1 7
13	4 5 5 3 2 2 1 1 7
14	4 5 5 3 2 6 1 2 7
15	4 5 5 2 4 6 2 5
16	4 3 5 2 4 3 3 1 4
17	4 2 2 5 1 2 3 13 2
18	4 2 2 5 3 2 9 2 2
19	4 2 2 5 2 1 3 6 1 2
20	4 2 2 3 2 5 2 1 2
21	4 1 7 2 2 2 2 2 2
22	3 11 2 3 2 1 2 2
23	2 18 2 1 13
24	1 2 3 3 3 2 7 5 1
25	2 7 1 1 1 1 3 1
26	1 8 1 2 2 1 4
27	2 5 3 2 3 1 2 2 3
28	2 6 4 1 1 2 1 3 1 1 2
29	1 8 1 1 1 1 11 1 1 3 1
30	1 8 1 1 3 12 1 1 1
31	10 3 1 12 1 3
32	10 3 3 1 12 1
33	10 4 2 2 12 1 2 1
34	10 4 1 12 1 2 2
35	10 2 2 8 2 2 2
36	1 6 2 1 2 1 1 2
37	1 4 2 2 2 1 4 1
38	2 4 2 2 5 2
39	2 6 2 1 1 2
40	3 9 6 1 2 1
41	4 1 6 4 1 1 1
42	13 5 2 9 2
43	1 19 1 3 1 2
44	2 18 1 3 2 2
45	3 14 2 2 3 1
46	4 8 1 1 4 1
47	4 4 4 2 1 7
48	4 5 3 7
49	5 5 3 7
50	4 5 5 20

행	힌트
1	11 12 14 6 1
2	11 11 4 5 5 5 1
3	11 10 2 6 4 4 1
4	11 9 2 8 4 3 1
5	1 8 4
6	4 16 1 10 4 4
7	4 15 1 10 5 4
8	4 11 2 11 4 4
9	4 10 29 4
10	4 10 19 8 3
11	9 9
12	10 8 3 3 3 8 2
13	10 8 8 5 9 2
14	10 8 6 1 3 2 9 2
15	10 8 6 1 3 1 1 5 2
16	10 8 2 3 1 5 2
17	2 1 1 4
18	2 3 5
19	2 2 5
20	9 2 7 4
21	6 8 6 2 1 5
22	2 1 2 2 5 4 2 3
23	1 2 4 2 1 2 5 3 1
24	1 2 4 4 2 3 2 3 1
25	2 2 2 4 3 7 1
26	2 2 2 2 4 1 4
27	4 2 2 4 5 2 4
28	1 3 3 6 3 2 2 3
29	1 4 2 5 3 2 3 2
30	2 1 1 8 2 1 8 2
31	2 1 3 2 2 2 1 7 6
32	3 3 2 2 1 1 7 2 2
33	1 1 2 7 1 7 1 1
34	7 1 5 2 7 2 1
35	8 5 1 7 1 1
36	5 3 3 1 7 2 1
37	4 8 3 1 6 1 1
38	4 6 3 1 5 1 1
39	4 6 5 1 5 1 1
40	2 1 1 8 2 1 5 1 1
41	1 3 2 2 1 9 1 1
42	2 4 1 5 4 1 1
43	7 1 1 5 5 1
44	1 13 2 9 2 9
45	1 13 5 4 7
46	7 8 6 3 2 4 6
47	6 8 4 2 1 1 2 2 3 5
48	1 7 2 2 3 2 2 4
49	2 7 2 3 2 2 2 2 4
50	14 1 3 2 3 2 4 7

B39 친구들아 미안해

난이도 ★★★☆☆

50×50

세로 (열) 힌트

열	힌트
1	29 6 6
2	28 4 3 6
3	26 4 1 6
4	17 3 2 6
5	16 5 3 1 6
6	15 2 4 1 5
7	14 2 1 1 5
8	1 1 2 1 1 1 7 2 5
9	15 2 1 1 6 2 1 5
10	17 1 1 2 2 2 1 4
11	3 10 4 2 4
12	2 6 1 7 4
13	2 3 1 4 4
14	2 5 2 2 2 1 1 4
15	2 3 5 2 2 4 2 1 4
16	2 1 1 2 6 1 7
17	2 1 3 5 2 2 10 1
18	2 2 5 2 2 2 6 1 5
19	2 5 2 1 1 5 1 1 1
20	2 1 2 2 3 9 1 1
21	2 5 4 9 1 1
22	2 11 3 2 3 2 7 1 1
23	2 2 2 3 5 2 1 5 5
24	2 1 2 2 1 1 2 1 7
25	2 2 2 2 4 1 1 1 2 9
26	2 1 5 1 2 3 1 2 2 1 1 8
27	2 1 3 2 1 2 3 1 4 2 1 8
28	2 1 1 2 1 2 2 1 1 3 1 8
29	2 1 2 1 1 1 2 2 1 4 3 1 5
30	2 1 1 2 1 1 1 1 2 3 2 2 1 5 5
31	2 1 1 1 1 1 1 1 2 1 1 2 1 4 1 1
32	2 1 1 6 1 1 3 1 1 2 1 6 1 1
33	2 1 2 4 1 1 4 1 1 1 1 8 1 1
34	2 1 1 2 1 2 2 5 5 1 1
35	2 1 2 2 1 2 12 1 5
36	2 1 6 1 2 1 6 1
37	2 1 1 2 1 1 2 7
38	2 2 2 5 6 1 1 4
39	2 2 7 2 1 5 4
40	2 14 1 2 1 8 4
41	3 1 1 4 1 3 2 4
42	17 1 1 1 2 2 1 4
43	16 1 2 7 1 2 5
44	1 3 5 1 5
45	16 2 2 6
46	18 3 1 6
47	19 6 2 6
48	21 4 2 6
49	25 5 2 7
50	26 6 7

가로 (행) 힌트

행	힌트
1	8 33 7
2	7 35 6
3	7 3 3 6
4	7 2 14 2 6
5	7 2 3 1 3 2 2 6
6	7 2 1 2 2 5 2 2 6
7	7 2 3 1 1 3 3 1 2 6
8	7 2 3 1 1 3 2 1 2 6
9	7 2 3 1 2 2 2 1 1 2 6
10	7 2 1 1 2 1 1 2 6
11	7 2 2 2 1 1 4 1 1 2 6
12	7 2 2 2 1 1 2 1 1 2 6
13	7 2 2 2 1 2 3 2 1 2 6
14	7 2 2 2 1 2 2 1 2 6
15	6 2 2 2 1 7 1 2 6
16	5 4 2 2 2 6
17	4 2 2 2 2 3 7 5
18	3 2 2 1 2 2 17 1 5
19	3 1 6 4 2 4
20	3 1 29 2 3
21	3 1 32 3 1 3
22	3 2 3 3 2 4 2 2
23	3 1 5 2 2 2 1 1 1 1 2
24	3 1 3 5 5 2 2 3 1 2
25	3 2 1 2 2 6 1 2 1 2
26	3 1 2 1 2 1 1 1 4 3 1 1
27	2 2 3 1 1 13 1 2 2
28	2 1 1 1 1 1 2 1 1 1
29	1 2 1 3 5 7 1 1 1
30	1 1 8 2 2 3 1 1 2
31	1 1 12 3 8 1 1
32	2 2 8 2 1 1 2 2 1 1
33	1 1 8 2 2 3 2 1
34	1 1 5 5 7 1 2
35	2 1 1 2 2 1 1
36	1 1 6 2 5 2 8 1
37	1 4 8 3 5 2 1 1
38	1 2 1 4 2 2 1
39	1 2 5 4 1 2
40	2 1 13 1 2
41	1 1 4 4 2 2
42	3 2 5 5 2 3
43	5 2 2 7 2 2 3
44	6 1 1 6 1 5 2
45	5 6 12 5 6
46	9 1 6 6 1 1 8
47	16 1 1 4 1 1 14
48	16 1 1 4 1 1 14
49	16 1 1 4 6 14
50	16 6 4 14

B40 거꾸로 나와야 해요

난이도 ★★★☆☆

50×50

15
4 3
19 3
22 2
25 2
30 2
11 15 2
10 12 1
6 10 2
5 8 1
2 11 6
2 5 3 7 5
1 3 9 5 3 4
2 3 15 4 2 3
1 2 4 16 3 3
2 2 3 14 2 2
1 2 2 6 3 2 1
2 2 2 2 2 2 1
1 1 1 2 1 1
1 2 2 2 1 2
1 1 1 4 2 1
1 1 2 4 1 1
1 1 2 3 1 4 1 1
1 1 3 2 2 2 2 1 3
1 1 3 1 1 1 1 1
1 1 6 1 1 2 2 5
1 1 2 6 1 5 1
1 1 1 1 1 2 1 1 1 3
1 1 1 4 2 1 2 2 1
1 1 2 1 1 3 2 1 1 2 1
1 1 4 1 1 4 2 1 1 1 2
1 2 7 4 4 1 2 2
2 2 2 6 6 2 2 1
2 2 2 16 2 3 2 2
2 2 32 2 2
3 2 27 3 3
3 4 14 3 3
4 2 6 13 2 1
5 5 5 2 2
7 8 2 2
10 3 2
7 5 3 3
9 8 4 3
11 19 4
13 6
15 9
19 11
50
50
50

33
3 18
3 15
3 13 13
2 3 2 12
2 2 10 2 11
1 2 8 3 2 11
2 2 3 3 3 2 1 8
2 2 2 1 4 2 1 8
3 1 2 2 1 2 1 2 7
2 2 1 2 1 1 1 1 7
3 1 2 1 4 1 2 1 6
3 2 1 3 1 2 2 1 6
2 1 2 1 3 3 1 2 5
3 1 2 3 3 1 1 5
3 1 1 3 1 1 4
3 2 1 3 2 1 4
4 1 2 5 5 1 1 4
5 1 2 2 2 6 1 1 4
4 1 2 2 10 1 1 3
5 1 2 2 9 1 2 3
5 1 2 2 9 1 1 3
4 1 2 2 8 1 1 3
5 1 3 2 5 2 1 3
5 1 3 2 1 4 1 1 3
5 1 3 4 4 1 1 3
6 2 2 1 2 4 1 1 3
1 4 1 3 1 6 2 1 3
1 4 2 2 6 5 1 1 3
1 4 1 3 2 8 1 1 3
1 5 1 3 5 1 1 3
1 5 1 4 2 4 1 1 3
1 5 2 4 2 1 4 1 1 3
1 5 1 4 1 1 2 1 1 3
1 6 1 4 1 3 2 1 1 3
1 6 1 3 2 1 3 1 1 3
1 6 1 3 3 3 1 1 3
1 7 1 2 2 1 1 3
1 7 2 2 2 1 2 3
1 6 1 1 1 2 1 4
2 6 2 2 2 1 1 4
1 6 2 1 1 2 2 5
2 5 1 2 2 1 1 5
1 5 2 2 2 2 2 5
2 5 2 3 4 2 2 6
2 5 2 10 2 3 6
2 5 3 1 3 2 7
2 6 5 1 5 3 9
3 6 1 1 1 4 12
11 1 1 1 18

B41 비 오는 날 친해져요

난이도 ★★★☆☆

55×55

B42 정확한 계량이 필요해요

난이도 ★★★☆☆

55×55

B43 체르니가 좋아하는 악기에요

난이도 ★★★☆☆

55×55

B44 몸 안의 소리를 들어요

난이도 ★★★☆☆

55×55

B45 뜨거운 김이 나와요

난이도 ★★★☆☆

55×55

B46 매달리기부터 시작해요

난이도 ★★★☆☆

55×55

B47 산타 할아버지와 다녀요

난이도 ★★★☆☆

55×55

B48 점프를 잘하는 사자예요

난이도 ★★★☆☆

55×55

B49 알려주고 나면 뿌듯해요

난이도 ★★★☆☆

55×55

B50 팝의 황제라고 불려요

난이도 ★★★☆☆

50×60

열	숫자
1	4 3 2
2	2 1 6
3	2 3 6
4	2 1 5
5	3 4 1 4
6	3 1 2 6
7	2 1 3 6
8	2 1 1 3 2
9	3 3 2 1
10	4 2 2 2 1
11	2 3 4 1 1
12	2 10
13	2 7 5 2
14	1 9 5 6
15	3 2 6 6 2 5 3
16	2 1 1 6 6 8 4
17	1 2 1 9 11 10 4
18	1 3 36 3
19	5 20 12 4 3
20	6 5 7 6 3 7 3
21	2 3 1 2 14 9 3
22	1 2 1 2 31
23	2 2 3 1 1 3 26 3
24	6 2 4 1 1 20 2
25	9 1 2 1 1 17
26	9 1 1 2 5 5
27	2 6 1 2 6 8 4 2
28	1 5 1 6 10 23 2
29	2 3 7 3 1 27
30	6 3 1 1 1 27
31	1 5 1 1 1 1 23
32	1 1 1 3 2 4 21
33	2 2 2 3 7 7 11 1 3
34	4 3 19 3 5
35	3 5 1 3 9 3
36	6 4 6 3
37	12 3 1 2
38	9 1 2
39	3 2
40	2
41	3 1
42	3 1
43	6
44	6
45	1 4
46	5
47	6
48	6
49	3 2
50	6

행	숫자
1	9
2	2 5 2
3	2 3 1
4	2 6 4
5	5 6 1 2
6	2 3 7 1
7	1 5 6 1
8	1 9 2
9	2 5 3
10	4 3
11	17
12	6 1 3 3
13	3 2 2 1 2 3
14	2 3 3 2 1 3
15	1 2 2 3 2 2
16	1 2 8 2 2
17	2 2 1 1 2 2
18	1 1 2 2 2 1 2
19	1 2 2 4 1 1
20	2 2 3 2 1 2
21	1 2 3 1 2 2
22	1 2 4 1 2 2
23	1 3 4 2 3 3
24	2 3 4 1 3 3
25	2 2 4 1 3 3
26	1 3 5 1 2 1
27	2 2 4 1 3 1
28	1 3 5 7 2
29	3 3 5 2 2 1
30	2 2 3 5 4 4 1 2
31	2 2 5 1 9 1 1
32	2 2 1 4 2 12 1 1
33	1 1 3 1 5 2 8 4
34	1 1 1 2 4 3 11 3
35	3 1 4 4 14
36	2 2 4 5 4 2
37	4 5 4 2
38	4 5 5 1
39	4 6 4 2
40	3 6 5 1
41	3 6 5 2
42	3 13 1
43	2 13 2
44	2 4 7 1
45	3 4 7 1
46	4 4 6 1
47	4 4 6 1
48	4 4 6 2
49	3 4 6 1
50	4 5 6 1
51	3 4 6 1
52	3 5 6 1
53	3 5 5 1
54	4 5 6 1
55	11 1 2 5 6 1 14
56	4 5 1 3 8 6 5
57	8 5 1 4 1 10
58	6 11 9 6 1
59	8 11 11 8
60	3 7 9 10 5 4

B51 마을의 수호신 역할을 해요

난이도 ★★★½☆

50×60

Column	Clues (top to bottom)
1	4 2 9 8
2	2 2 9 21 6
3	1 1 2 2 2 5 3 17
4	1 2 2 3 2 2 11 5 2
5	2 1 1 8 1 7 8
6	1 11 5 2 5
7	5 2 1 1 14 24
8	2 2 4 2 3 26
9	4 2 5 6 1 1 2
10	5 3 1 5 2 2 4 2 18
11	2 1 2 5 1 2 4 1 2 2
12	1 1 2 4 2 11 2 2 1 1 1 3
13	1 1 2 1 1 1 8 2 2 1 2 4 1 1
14	1 1 2 1 1 8 1 2 6 2 3 1 1 1
15	1 1 2 4 2 2 8 2 2 1 2 1 4
16	1 1 2 1 2 1 1 4 2 2 2 1 1 1 1 4
17	2 1 2 8 8 1 2 2 1 1 6 1
18	6 2 10 8 2 2 4 1 1 4
19	5 2 1 2 12 2 2
20	1 7 5 5 2 3 18
21	1 31
22	2 7 4 40
23	1 1 1 3 3 1 9
24	1 1 2 1 2 6 1 7
25	2 4 13 5 4 7 1
26	5 2 13 9
27	1 1 31
28	2 2 7 5 19 6
29	1 1 2 3 10 4 9
30	1 5 4 2 10 6 1
31	3 9 2 7 8
32	3 14
33	1 5 2 34
34	2 1 5 2 2 32
35	5 2 1 1 6 4
36	5 2 4 2 1 2 3 3 20
37	1 1 2 1 4 3 1 3 1 3 2 1
38	1 1 1 1 2 4 1 5 1 3 2 1 3 4 3
39	1 1 4 8 1 3 1 3 2 3 3 1 2 2
40	1 1 1 1 2 2 1 3 1 3 2 1 3 4 3
41	1 1 2 1 2 1 6 1 3 2 1 1 1 1
42	5 1 6 1 1 3 1 3 2 1 1
43	2 1 1 2 1 4 7 1 3 1 5 6 5
44	2 1 4 3 1 4 1 2 2 1
45	1 2 4 1 6 2 3 20
46	2 2 1 1 3 2 3
47	2 6 40
48	6 5 4 3
49	1 1 8
50	3 5 1

Row	Clues (left to right)
1	9 7
2	3 3 3 2
3	4 2 2 4 10
4	2 3 2 5 2 2 1
5	1 13 1 3 4
6	1 2 3 1 4 5 3
7	2 1 2 4 2 1 2
8	3 2 7 5 1 2
9	3 3 1 1 8 3
10	2 3 2 3 3 2 1 1
11	5 6 3 1 2 2 3
12	1 15 1 2 3
13	3 7 4 2 2 2
14	2 1 3 2 10 5
15	2 6 5 1 2 3 10 1
16	1 3 2 8 4 1 1 5 2 4 2 1
17	1 3 2 2 1 2 4 1 1 3 6 7
18	1 9 9 1 1 3 2 1 1
19	2 1 4 5 2 1 1 3 2 2 1
20	2 1 2 2 1 2 1 3 3 3 1
21	1 2 1 1 1 2 2 1 2 7 2 2 2
22	1 4 15 1 1 1 14
23	2 4 6 1 2 1 1 2
24	2 6 9 1 3 3 5
25	4 7 1 4 1 2 1 6 1 1
26	2 1 1 1 1 4 2 1 2 1 1 1 1 1
27	1 2 1 1 3 4 2 3 1 3 1
28	1 10 2 1 1 9 1
29	1 9 2 2 2 10 1
30	1 9 2 3 2 1 6 2
31	13 2 4 2 2 3
32	2 1 4 5 5 2 8 1
33	1 4 2 1 5 6 3 2
34	3 1 4 4 2 3 3 4 3
35	3 2 5 2 8 15
36	3 2 3 8 13 1
37	4 5 5 8 2 7 1
38	5 2 11 1 1 3 2 2 1
39	2 2 2 6 1 8 2 5 1
40	5 2 1 8 2 8 1
41	5 2 7 1 6 2 2 2 1
42	5 2 9 1 5 2 1 4 1 1 1
43	2 2 2 2 1 2 1 3 2 1 1 1 1 1
44	5 2 1 5 1 1 1 2 2 1 3 1 1 1
45	4 2 1 1 2 1 1 2 2 1 1 1 1 1 1
46	3 2 1 3 1 1 1 2 2 1 1 1 1 1 1
47	2 2 1 2 2 1 1 1 2 2 1 1 1
48	2 2 1 1 1 1 2 2 1 1 1 1 1
49	2 2 1 5 1 1 2 2 6 1 1 1
50	2 2 1 1 1 2 2 1 3 1 1 1
51	2 2 1 1 1 1 1 2 2 1 1 1 3 1
52	2 2 1 6 1 8 2 1 3 1 1 1
53	8 1 3 2 1 2 7 2 1 1 1 3
54	1 6 1 1 1 1 1 6 3 2 1 1 4
55	5 2 1 3 1 1 10 2 1 1 1 1 4
56	8 1 1 1 10 2 1 6 1 4
57	8 1 3 1 1 1 10 2 1 1 1 1 1 1 2
58	3 4 1 1 3 1 10 2 1 6 1 4
59	8 1 3 1 1 1 3 4 1 2 1 1 1 1 3
60	8 1 1 1 1 10 2 1 1 4

B52 예쁘게 빚어볼까요~?

난이도 ★★★½☆

50×60

Column	Clues (top to bottom)
1	1 4 1 8 16
2	6 1 4 4 10 4
3	6 1 6 2 1 11 3
4	2 3 1 9 2 1 10 2 3
5	6 1 10 8 2 9 2 1 2
6	6 1 12 2 4 9 1 1 2
7	5 1 7 3 1 3 3 7 1 1 1 2
8	6 1 9 3 3 3 5 3 1 1 2 1 1
9	6 1 7 6 3 2 3 1 1 1 3 1
10	6 8 2 2 3 2 2 4 2 2 4 1
11	7 1 2 7 2 1 8 1 1
12	14 3 1 9 3 6 1 1 1
13	5 3 2 1 7 3 5 1 1 1 1
14	5 3 1 4 2 1 2 1 2 3 1
15	3 3 4 3 1 2 4 3 1 1
16	5 1 3 4 1 1 14 1 1 1
17	5 3 4 2 2 13 1 1 1 1
18	6 3 2 2 1 4 10 1 2 1 1
19	6 4 6 2 10 1 3 1
20	12 1 2 14 1 1
21	8 2 2 2 2 9 1 3 1
22	4 1 5 1 10 2 1 1
23	21 2 4 2 7 1 1 2
24	1 2 1 1 6 3 1 2
25	1 3 2 1 6 2 1 2
26	1 7 1 3 4 2
27	17 1 3 2 1 3 1 2
28	12 4 1 5 2 1 4 1 3
29	11 4 1 2 2 3 1 1 8 3
30	4 5 1 1 4 2 2 3 5 4
31	9 1 1 3 3 1 2 12
32	8 3 1 6 3 3 2 2 12
33	7 3 9 4 7 15
34	6 3 6 3 2 3 2 17
35	3 4 5 1 1 1 3 3 10 1 6
36	9 4 3 2 3 7 2 1 5
37	10 4 4 4 4 1 11 3 4
38	11 3 2 5 2 1 1 8 3 4
39	12 3 2 1 2 2 1 1 8 2 1 3
40	2 9 4 1 2 1 2 4 1 1 1 1 1 3
41	7 3 5 3 1 1 7 1 1 1 1 1 3
42	10 6 3 5 2 1 2 1 1 1 3
43	9 5 5 4 3 1 1 1 3
44	4 3 3 8 4 1 2 1 1 2 1 3
45	8 3 6 4 4 1 1 3 4
46	9 10 3 5 1 2 3 4
47	10 1 6 2 1 2 2 2 5
48	10 4 1 2 1 4 3 1 6
49	12 4 1 3 2 3 12
50	5 11 1 8 15

Row	Clues (left to right)
1	6 3 1 1 7 13 2
2	9 1 1 24
3	3 6 1 1 13 10
4	10 1 1 8 15
5	10 1 1 3 13 6
6	10 1 1 23
7	1 1 24
8	12 1 6 6 9
9	7 1 5 8 5
10	11 1 4 6 4
11	13 1 3 3 4 2 3
12	9 5 1 2 3 2 2 2
13	10 5 1 1 3 2 1
14	9 4 1 3 3
15	7 4 1 3 6 3
16	7 3 1 3 11 3
17	6 3 3 2 1 24
18	4 1 1 2 2 4 5 7
19	4 1 2 3 4 5 7
20	4 1 4 4 6
21	6 4 16 7
22	5 3 3 2 3 3 4
23	4 2 3 2 2 2 1 2
24	3 3 2 2 2 2
25	7 2 2 2 1
26	4 5 1 4 3
27	3 3 7 2 2 2 3
28	3 3 3 1 3 3 2 5
29	2 1 6 1 2 3 14
30	1 1 4 1 2 6 2 2 3
31	1 1 8 4 1 2 2 3 3 2
32	2 1 7 3 2 4 2 5 1
33	1 1 3 5 3 3 4 2 2 1 2
34	1 2 8 3 4 2 4 1 1 1
35	1 1 2 2 2 2 1 5 8 1 1
36	1 2 2 1 6 1 3 8 1 1
37	1 6 2 5 2 1 1 2 6 1
38	1 2 1 1 2 1 4 1 1 4 1 1 1
39	2 4 5 2 3 3 2 2 2 1 1
40	1 4 8 4 6 2 2
41	1 12 2 2 2 2
42	2 10 11 2
43	3 4 7 2 5 7
44	9 1 8 2 6 2
45	8 2 16 6 1
46	8 2 9 1 3 3 2
47	7 2 11 2 3 3 1
48	7 2 11 1 3 3 1
49	12 36
50	7 8 17 5
51	6 1 1 1 11 6 3
52	4 9 7 2 7 3 4 2
53	2 2 2 1 10 6
54	1 4 1 4 8 4 10 2
55	1 2 8 2 2 2 5 3
56	1 1 1 1 1 1 1 6 4
57	2 5 6 6 9 6
58	4 23
59	7 28
60	50

B53 강아지는 산책 필수, 고양이는 이거 필수!

난이도 ★★★½☆

50×60

Column	Clues
1	33
2	33
3	5 2 19 1
4	3 2 3 2 17 3
5	3 2 2 3 15 2 1
6	3 2 1 2 14 1 1
7	1 3 2 1 15 7 4
8	5 5 5 6 5 5 1
9	5 10 4 13 2 1
10	1 2 6 5 3 11 1 1
11	8 1 4 6 1 1
12	6 1 2 3 1 1
13	8 1 1 1
14	2 2 1
15	2 1
16	2 1 1 3
17	2 1 1 2 1
18	2 3 1 7 4
19	2 3 2 2 2 1 1
20	2 1 1 2 3 2
21	2 1 1 1 1 1
22	3 1 2 1 1
23	4 3 1 1
24	3 4 1 1
25	2 1 1 1 1
26	1 3 1 1
27	2 3 2 2
28	2 1 1 3 2
29	2 2 6 4 4
30	8 1 9 3 9 3
31	17 8 2 4 4
32	2 14 9 10
33	2 2 12 3 8 6
34	2 1 10 11 1 4
35	14 8 2 9 2 3
36	2 1 5 2 5 2 2 1
37	3 1 2 5 2 9 5 2
38	3 2 4 3 11 8
39	3 3 3 2 2 11 1 6
40	2 3 3 4 12 2 4
41	3 2 2 2 6 6 3 2
42	3 2 1 4 13 5 1
43	3 1 1 2 8 9 3 7
44	3 1 2 2 16 6 5
45	3 5 19 3 3 4
46	3 4 14 3 4 4 2
47	2 13 9 4 6
48	3 22 5 3
49	3 1 19 9
50	3 7 8 3 6

Row clues (left to right)

Row	Clues
1	7
2	11
3	1 10
4	1 10
5	1 7
6	1 3
7	1
8	1
9	1
10	5 1
11	2 2 1 2 2 1
12	7 3 3 1
13	2 7 2 2 1 1 2
14	4 3 3 12 14 6
15	4 4 9 6 5 5 1
16	3 4 3 3 2 8
17	3 6 5 1 4 3 6
18	7 6 2 2 4 3 2 4
19	2 4 2 2 3 2 10 8
20	2 5 2 13 7
21	2 3 2 3 6 1 3 5
22	5 6 2 2 8 2 9
23	4 5 8 2 9
24	2 4 7 2 2 8
25	2 4 4 9 5 8
26	3 3 2 17 3 9
27	6 7 6 3
28	5 6 11
29	3 2 5 1 3 7
30	4 2 3 3 11
31	4 3 1 15
32	5 3 2 13
33	8 2 2 4 4 4
34	9 2 16
35	10 3 15
36	7 2 17
37	10 15
38	10 14
39	11 7 5 4
40	11 11 6
41	11 2 7 7
42	12 7 7
43	7 4 4 1 3
44	12 1 4 2
45	2 7 1 5 2
46	9 2 2 6 1
47	1 2 1 2 4
48	2 2 1 4 2
49	1 1 2 8 2
50	1 1 1 2 6
51	1 1 1 5 4
52	1 1 9 3
53	1 1 2 4 2
54	2 2 3 7
55	1 2 5 4
56	2 1 6 3
57	8 6 9
58	2 2 3 4
59	1 1 1 1 1 3
60	26

B54 식물로 방을 꾸며요

난이도 ★★★☆☆ (3.5)

50×60

Column clues (top to bottom)

Column	Clues
1	2 2 1 1 4 3 2 1 1 1 7
2	2 2 1 1 2 3 3 2 1 5 1 1 7
3	3 2 1 16 2 1 3 1 1 1 7
4	3 2 1 2 3 2 1 3 1 1 13
5	6 1 3 3 2 1 3 1 1 13
6	2 3 23 1 3 1 1 1
7	2 3 15 5 1 1 1 2 1 1
8	2 2 4 3 1 2 1 5 1 13
9	2 2 4 4 1 1 1 1 1 1 6
10	3 2 8 1 1 2 4 5
11	6 7 1 1 5 4
12	18 1 1 1 5
13	2 3 4 1 1 5 2
14	2 3 8 1 1 5 4 6
15	2 2 10 2 1 5 15
16	2 2 5 5 2 1 8 10
17	3 2 5 9 1 9 3 4
18	3 2 4 3 1 5 1 4 2 2
19	6 3 4 1 10 6 2
20	6 3 5 6 1 1 10
21	2 3 3 2 5 1 1 3
22	2 2 2 1 1 10
23	2 2 1 2 2 1 1 10
24	2 2 3 4 5 3 1 1 2 2 2
25	3 2 3 4 8 11 2 2 2
26	6 4 9 4 14 3 2 2
27	6 3 3 2 2 6 1 1 3 1 3
28	2 2 7 2 3 9 2 2 2
29	2 2 6 2 1 2 15 3 2 2
30	2 2 2 3 5 10 1 1 3 2 3
31	2 2 2 7 4 5 2 2 2
32	2 11 5 1 3 8 3 4
33	6 8 1 3 8 15
34	6 9 1 4 7 1 17
35	3 2 4 2 1 2 8 6
36	2 2 3 7 1 2 3 6 3 4
37	2 2 4 5 3 6 4 8
38	2 2 3 3 4 5 1 2 1 2 6
39	2 2 3 3 4 9 1 1 2 2 7
40	2 3 3 2 3 5 1 1 3 7
41	6 3 3 3 1 2 3 8
42	6 6 3 2 2 1 2 2 2 4
43	3 2 2 2 2 13 1 2 4 2
44	2 2 2 2 5 2 2 1 6 2 4
45	2 2 2 2 5 1 2 1 9
46	2 13 2 5 2 2 1 1 2 8
47	2 3 2 4 11 1 1 3 8
48	6 3 6 2 2 1 4 2 8
49	6 3 4 1 3 2 7
50	3 2 5 1 3 9

Row clues (left to right)

Row	Clues
1	50
2	50
3	3 3 4 3 3 3 3
4	3 4 3 2 3 3 3
5	50
6	50
7	1 1 1
8	7 1 1 2 1
9	2 1 1 3 1
10	2 1 3 2 3 1
11	3 2 1 4 5 6 3 1
12	1 4 1 7 7 3 4 1
13	8 1 8 4 3 4 1
14	11 5 2 3 6 1
15	2 7 4 3 3 4 3 1
16	1 2 4 3 12 6 1
17	1 4 6 7 11 2
18	16 5 4 2 1 2 1
19	11 7 1 4 1 2 2
20	4 2 12 2 4 1 1 1
21	1 1 4 8 5 2 2 1 1
22	1 1 2 2 3 3 8 3 2 1
23	1 1 1 1 4 8 1
24	3 1 1 1 3 4 2 4
25	3 1 1 3 1 2 2 1
26	3 2 2 3 2 2 2 3
27	3 2 4 5 3 2 3
28	10 3 10 11
29	7 1 12 9
30	7 2 2 2 3 6
31	2 2 2 2 2 2
32	2 2 2 3 2 2
33	2 2 3 2 2 2
34	21 3 2 2 2 2 2
35	2 2 2 2 3 2 2
36	5 3 2 2 2 3 2 2
37	5 2 4 2 2 2 3 2 2
38	7 1 5 2 2 2 3 2 2
39	1 1 1 5 2 2 3 3 2
40	1 2 5 2 2 2 2 2
41	2 2 6 2 2 2 3
42	4 5 32
43	6 1 2 2 3 2
44	7 11 2 3 4 4
45	14 4 5 2 2 2 2 2
46	4 3 5 1 3 3
47	3 2 2 4 2 4
48	11 2 3 2 3 1 2 1
49	2 1 3 6 1 9
50	2 1 5 9 6 2
51	2 1 16 2 2 1 2
52	2 1 13 2 2 4 1
53	2 1 2 6 4 2 1 2 5 1
54	5 1 2 2 13 1 3 6
55	5 2 3 3 5 3 6 6
56	5 3 7 2 5 6 6
57	5 4 4 1 2 8 7 7
58	5 4 7 9 2 7 7
59	5 4 3 4 6 2 14
60	5 4 3 1 2 2 12

B55 손으로 동물을 연기해요

난이도 ★★★☆☆

50×60

Column clues (left to right, top to bottom)

Column	Clues
1	3 3 17
2	6 1 5 17
3	8 3 2 1 2 4 16
4	13 5 1 2 2 16
5	13 1 2 1 2 1 15
6	14 1 2 2 1 16
7	15 1 2 2 2 14
8	16 1 1 1 2 13
9	17 2 2 1 2 11
10	17 1 2 2 2 10
11	16 1 1 2 1 9
12	17 1 2 1 4 7
13	18 1 2 5 11
14	19 2 5 6 4
15	2 20 1 3 4 3
16	3 22 2 2 2 3
17	5 22 1 2 2
18	6 24 2 2
19	6 23 2 3
20	7 23 1 2
21	34 6 1 2
22	38 3 2 3
23	25 7 2 5
24	24 3 9
25	25 7
26	20 2 2
27	17 5 2 1
28	21 3 2
29	24 4 2
30	26 4 2
31	22 3 4 2
32	22 2 3 2
33	23 2 3 2
34	22 2 4 2
35	22 2 9
36	21 2 8
37	20 2 7
38	19 1 1 10
39	18 2 2 11
40	17 2 2 13
41	15 1 2 1 14
42	14 2 2 2 16
43	15 1 2 2 2 2 15
44	14 4 3 2 2 16
45	13 2 3 2 1 17
46	11 2 3 3 2 17
47	10 1 3 2 2 17
48	9 1 2 2 2 17
49	6 4 7 17
50	3 7 17

Row clues (top to bottom)

Row	Clues
1	6 3 4
2	10 11
3	11 13
4	10 15
5	8 9 17
6	11 8 18
7	16 7 18
8	17 6 19
9	18 6 20
10	18 27
11	45
12	45
13	42
14	42
15	41
16	39
17	37
18	35
19	33
20	32
21	30
22	26
23	25
24	23 3 4
25	22 3 3 1
26	9 10 2 2 1
27	7 2 6 3 2 3
28	6 7 1 4 2 2 2 1
29	2 6 8 4 3 2 2 1
30	2 3 6 4 3 2 3 1
31	4 8 1 5 2 3 2
32	10 6 1 4 2 3 3
33	1 5 1 4 2 2 3 4
34	2 5 3 1 2 2 1
35	6 2 2 2 2 1
36	2 6 2 1 1 3 1
37	1 5 1 1 2 2
38	4 2 2 2 1 2
39	6 2 1 1 2
40	1 4 2 1 1 3
41	2 5 1 2 2
42	3 1 2 1 2
43	3 2 1 3
44	11 1 2 13
45	13 1 14
46	14 2 16
47	16 18
48	17 18
49	15 3 17
50	15 5 17
51	14 2 16
52	11 1 2 2 13
53	10 2 1 2 13
54	9 2 2 3 12
55	8 3 2 4 11
56	7 3 10 10
57	6 3 8 9
58	5 4 4 8
59	4 9 7
60	2 9 6

B56 피부 관리의 시작이에요

난이도 ★★★☆☆

50×60

Column	Clues
1	5 7 7 25
2	5 7 7 25
3	5 7 7 25 3
4	5 7 7 32
5	5 7 7 4 10 3
6	5 7 7 2 2 3
7	2 4 3
8	5 7 7 1 4 1 2 4
9	5 7 7 1 1 4 7 7
10	5 7 7 2 2 2 6 2 3 2
11	5 7 1 4 6 3 2 2
12	5 7 7 7 1 2 2 1
13	5 6 4 1 1 3 2 1
14	5 4 8 3 3 1 5 1
15	2 19 2 2 1
16	5 8 6 1 1 1
17	5 7 6 3 2 1 1
18	5 7 2 5 2 7 1 3 1
19	5 6 2 1 1 2 3 14 1 1 1 1
20	2 6 1 1 2 5 3 9 2 3 1
21	1 9 2 1 1 2 2 8 1 1
22	9 1 1 1 5 7 1 1
23	10 1 2 1 1 2 6 3 1
24	10 2 3 2 2 1 6 1 1 1
25	10 1 7 1 1 6 3 1
26	10 1 1 1 1 6 1 1
27	10 1 2 1 1 6 1 1
28	10 1 1 1 2 1 6 1 3 1
29	10 2 2 1 1 3 8 1 1 1 1
30	10 2 1 1 2 3 8 2 3 1
31	9 1 1 4 3 9 1 1
32	1 8 2 1 2 3 11 1 1
33	2 6 2 1 2 4 1 4 1 1 1
34	4 6 1 1 1 3 1 1 1
35	4 7 2 3 2 1 1 1
36	5 6 13 1 1 3 1
37	5 7 7 3 2 1 1 1 1
38	7 2 4 1 5 2
39	5 2 10 8 4 1 1 2
40	5 5 10 2 6 1 2 2
41	5 7 7 1 2 2 6 2 2
42	5 7 7 1 1 4 1 5
43	5 7 7 2 4 6 4
44	5 7 7 1 3 2 2
45	2 6 2 3
46	5 7 7 2 12 4 3
47	5 7 7 19 1 6
48	5 7 7 19 2 4
49	5 7 7 19 3
50	5 7 7 24

Row clues (left to right)

Row	Clues
1	6 7 6 8 6 6 5
2	6 7 5 10 5 6 5
3	6 7 4 12 4 6 5
4	6 7 4 12 4 6 5
5	6 7 4 12 2 6 5
6	16
7	6 8 20 6 5
8	6 8 21 6 5
9	6 7 23 5 5
10	6 7 23 5 5
11	6 6 7 6 5 5
12	6 6 5 5 4 5
13	6 5 5 3 4 5
14	4 2
15	6 5 3 7 2 4 5
16	6 5 3 4 5 1 4 5
17	6 5 2 3 4 1 4 5
18	6 5 2 2 2 1 4 5
19	6 5 2 2 1 1 4 5
20	6 5 2 1 2 1 4 5
21	6 5 3 6 5 4 4 5
22	3 3 2 3
23	6 2 2 2 2
24	9 4 1 5 4
25	4 5 2 1 8
26	2 2 2 3 2 6 3
27	6 3 1 1 1 1 2 2 4 3 2
28	5 1 3 2 2 3 3 2 2 2 5
29	5 1 2 2 1 6 2 3 1 5 4
30	5 2 1 2 1 2 1 5 1 2 2 3 1 4
31	4 1 1 1 1 2 1 1 2 1 4
32	4 1 3 4 2 1 1 2 4
33	4 2 2 7 1 1 1 1 4
34	4 2 1 2 2 1 1 4
35	4 1 2 1 2 4
36	4 1 2 2 2 5
37	4 1 2 1 2 5
38	4 1 1 2 1 5
39	4 2 1 2 1 5
40	4 1 2 3 2 5
41	4 1 4 5 1 5
42	4 1 16 1 5
43	4 1 15 1 6
44	5 2 15 1 6
45	5 1 15 2 6
46	5 1 15 1 6
47	5 1 16 1 2 1
48	5 1 7 9 1 2 1
49	5 7 5 1 2
50	5 5 4 3
51	7 2 3 1 5
52	4 2 4 6 1 2
53	2 2 1 6 3 9 5
54	2 3 3 3 2 3
55	2 3 1 3 3 2 1 2
56	2 4 1 1 1 3 1 1 2 2
57	2 2 3 3 1 1 3 2 3
58	6 2 3 2 3
59	7 9
60	40

B57 우산을 챙겨야 할지 알려줘요

난이도 ★★★☆☆

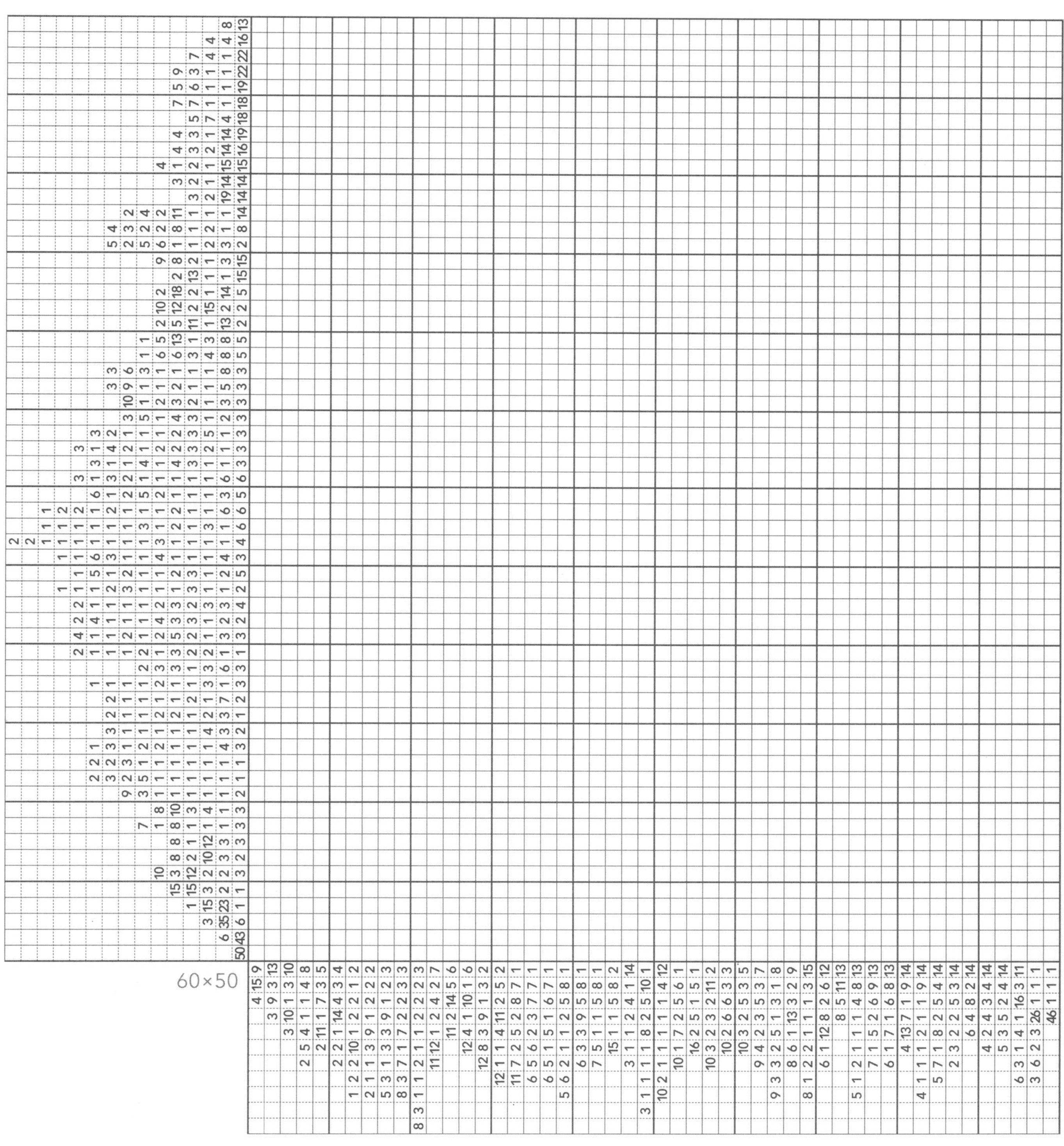

60×50

B58 당신의 눈동자에

난이도 ★★★⯪☆

60×50

B59 멀리 있어도 볼 수 있어요

난이도 ★★★☆☆

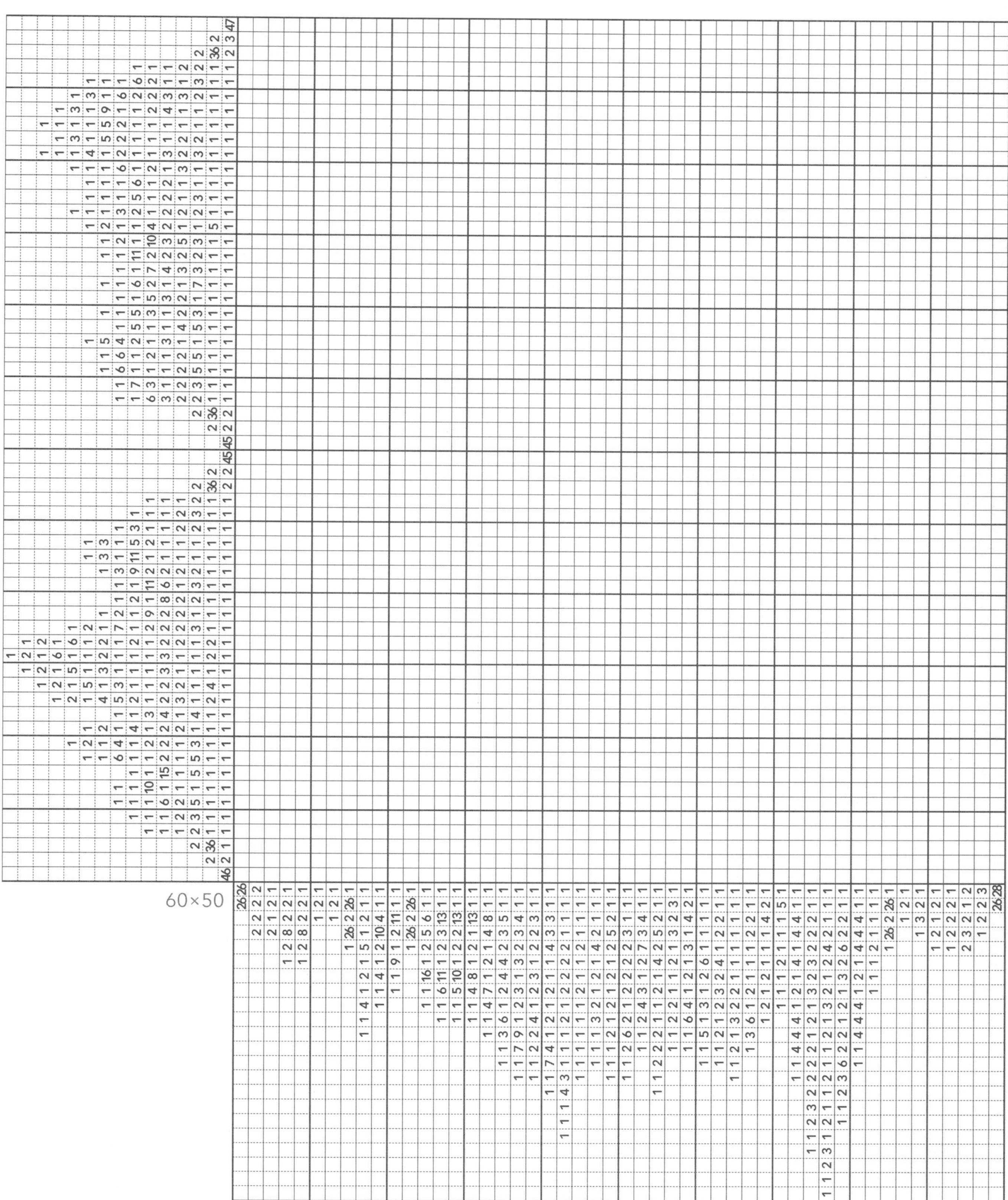

B60 혼인을 청하는 순간이에요

난이도 ★★★☆☆

60×50

B61 끼어들면 안 돼요~

난이도 ★★★☆☆

60×50

B62 신속한 하산을 위해 만들어졌어요

난이도 ★★★⯪☆

60×60

B63 늘 조심하며 건너요

난이도 ★★★☆☆

60×60

B64 신명 나게 두드려요

난이도 ★★★☆☆

60×60

B65 누워서 내 몸속을 봐요

난이도 ★★★½☆

60×60

B66 주인과의 호흡이 중요해요

난이도 ★★★☆☆

60×60

열	단서
1	60
2	55
3	33 1 14
4	33 1 9
5	34 5
6	35 2
7	35 1
8	35 1
9	32 2 1 3
10	29 2 1 2 2
11	25 4 2 1 4
12	24 4 2 1 1 2
13	23 5 2 1 2
14	23 5 3 2 2
15	22 6 3 1 1
16	22 6 3 3 2
17	14 4 5 5 3 1
18	13 4 2 5 9 2
19	12 2 3 2 7 2
20	12 3 3 2 5 1
21	12 1 1 3 3 2
22	12 2 1 2 1
23	13 2 3 1 5 1
24	13 2 2 7 1
25	4 5 2 3 9
26	3 4 3 3 3 9
27	3 1 3 3 2 4 2 9
28	3 3 2 2 1 5 13 5
29	3 1 1 1 2 1 4 18 3
30	3 2 3 2 4 21 2
31	4 2 2 1 1 23 2
32	5 2 2 2 26 2
33	5 1 1 2 12 12
34	5 2 1 1 9 10
35	4 2 1 5 10
36	3 2 2 3 9
37	2 2 1 2 8
38	2 1 2 2 7
39	1 2 4 3 1 6
40	1 1 4 5 2 6
41	1 1 2 1 2 1 5
42	1 5 2 5 5
43	2 5 9 5
44	2 5 4 1 3 5
45	3 6 4 5 2 2 2
46	3 7 4 3 3 2 2
47	4 7 3 1 3 1 4
48	5 6 3 2 2 6 3
49	6 6 3 2 1 12
50	7 6 2 6 6 2
51	8 5 2 6 4 10
52	9 2 1 6 3 11 2
53	11 5 3 7 11 2
54	12 3 5 2 15 3
55	13 11 1 5 4
56	14 10 3 4 5
57	14 10 17
58	13 5 12 3
59	12 3 3 5
60	12 7 4

행	단서
1	60
2	38 18
3	36 4 16
4	25 5 3 3 14
5	24 5 3 2 5 13
6	24 1 1 2 2 6 12
7	24 1 2 2 2 7 11
8	24 2 3 7 10
9	25 1 6 9
10	25 2 2 7 8
11	26 3 4 6 8
12	26 3 6 5 7
13	18 4 9 2 5 4
14	17 4 3 4 2 2
15	16 3 2 1 2 3
16	16 1 2 2 2 4 2 4
17	16 2 3 13 1
18	16 3 3 5 4 1
19	17 2 4 3 4 5 1
20	18 2 5 2 5 5 2
21	18 3 2 2 3 7
22	17 2 6 6 7
23	14 3 7 4 5
24	12 5 6 2 4
25	11 6 4 2 5
26	10 6 3 4 3 1
27	10 7 4 3 1 2 1 1
28	10 6 7 5 3 1
29	10 5 8 2 5 3
30	9 2 8 1 2 4 4
31	9 1 8 2 1 4 5
32	9 1 4 8 1 2 4 5
33	8 2 8 8 3 7 1 2
34	2 6 10 8 4 3 2 1
35	4 4 8 7 6
36	2 2 4 9 3 3
37	3 2 2 10 2 1 3
38	6 2 2 11 2 2 1
39	11 2 10 2 3 1
40	5 2 10 2 3 1
41	5 2 10 1 3 1
42	5 1 10 1 4 1
43	4 3 9 2 3 1
44	4 5 3 3 5 2 3 2
45	4 2 2 5 5 1 3 2
46	4 1 2 3 7 1 4 1
47	3 3 3 8 2 4 1
48	3 5 1 7 2 3 2
49	3 3 1 9 2 3 1
50	3 2 11 2 2 1
51	2 1 14 2 2 2
52	2 2 14 2 2 1
53	2 2 14 1 1 2
54	2 14 2 5
55	2 9 4 1 3
56	1 3 4
57	1 3
58	1 1
59	1
60	1

B67 '이것' 외교라고도 해요

난이도 ★★★☆☆

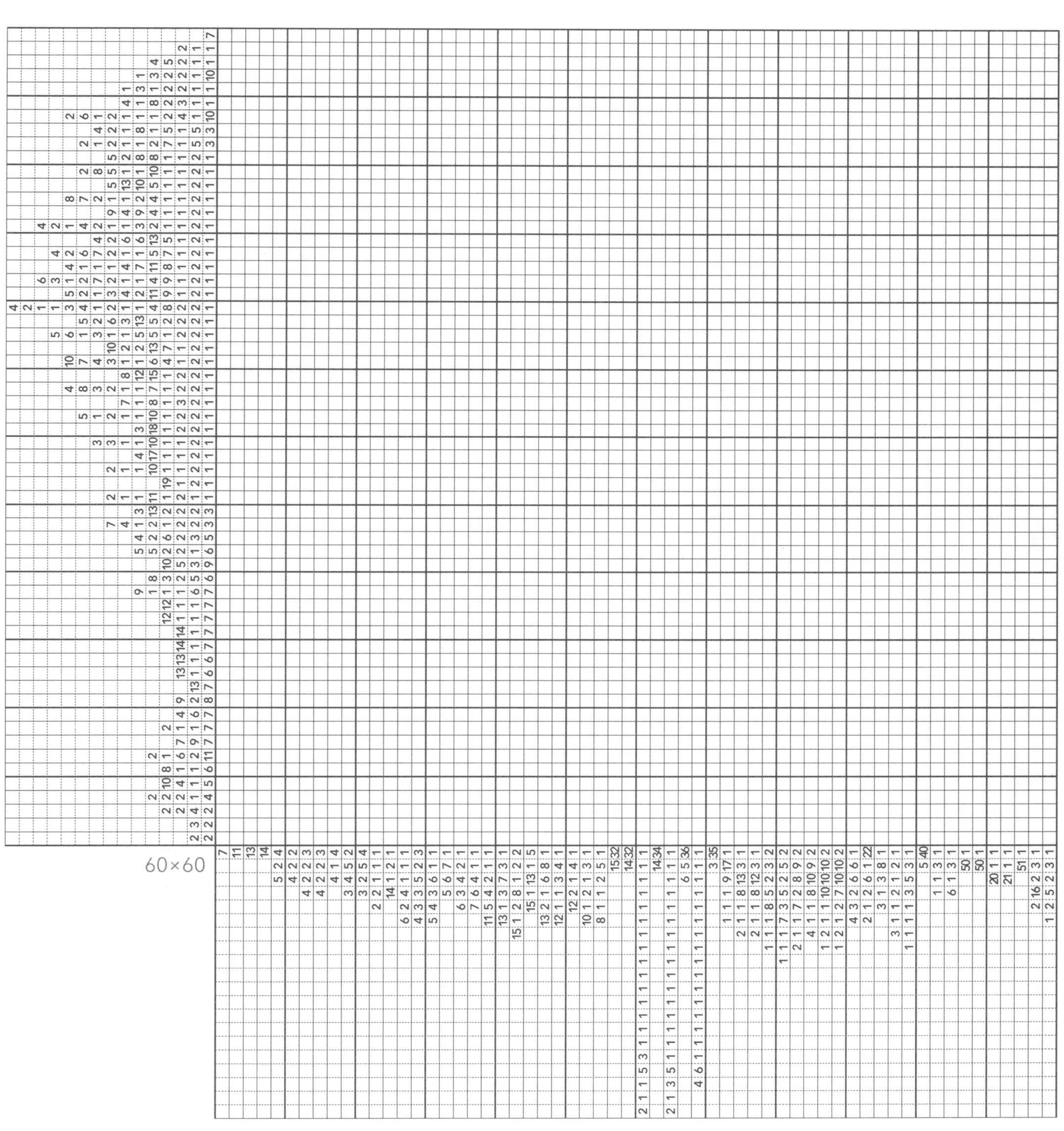

60×60

B68 와이어로 내려가요

난이도 ★★★☆☆

65×65

B69 바다에 사는 상상 속 인물이에요

난이도 ★★★☆☆

65×65

B70 따뜻함을 나눠요

난이도 ★★★☆☆

65×65

B71 셀프 인테리어가 유행이에요

난이도 ★★★★☆

65×65

B72 입국 절차가 필요 없어요

난이도 ★★★★☆

65×65

B73 아뵤오~!!

난이도 ★★★★☆

65×65

B74 거울 앞에서 연습해요

난이도 ★★★★☆

65×65

B75 먹어보고 결정할까요?

난이도 ★★★★☆

65×65

Column clues (top to bottom)

Column	Clues
1	8 3 3 11 8
2	2 9 5 7 9
3	2 2 6 6 4 11
4	2 2 16 3 3 9
5	8 19 1 6 9
6	3 2 18 1 4 8
7	2 20 1 3 8
8	3 20 2 4 8
9	23 1 3 3 8
10	22 1 6 8
11	3 13 2 8
12	2 11 1 8
13	3 7 1 1 9
14	2 6 4 9
15	13 1 1 3 16
16	5 3 1 1 2 5 1 3
17	5 3 2 2 6 4 7
18	5 1 4 4 3 10 2 3
19	9 3 4 6 10 2 3
20	3 2 4 1 15 3
21	10 4 1 12 2 1
22	3 21 1 8 2 4 2
23	3 2 1 21 1 3 8 2 2 5
24	3 2 1 1 1 2 2 5 1 4 8 7 1
25	3 4 1 1 2 2 1 8 2 2 8 5 1 1
26	3 5 2 2 1 1 1 1 2 8 2 2 1 1
27	3 2 1 1 3 3 1 9 2 8 2 4 1
28	3 3 4 3 3 1 9 2 10 4 1
29	3 3 3 2 3 10 2 9 2 2 1 1
30	3 3 3 2 3 10 2 12 2 1 1
31	3 1 4 3 1 1 2 2 8 3 2 1 1
32	3 4 1 1 3 1 1 2 4 2 7 3 2 1 1
33	3 1 1 4 7 1 2 4 7 2 2 1 1
34	3 1 1 5 8 3 3 6 2 2 1 1
35	3 4 1 3 10 2 2 2 5 3 2 1 1
36	3 2 1 1 5 2 5 2 3 2 5 3 2 1 1
37	3 2 1 1 3 4 1 1 1 4 1 5 2 5 3 2 2 1 1
38	3 1 3 4 1 1 4 7 2 5 5 2 1 1
39	3 1 2 8 4 4 2 2 5 3 2 1 1
40	10 2 2 5 1 2 3 5 2 3 2 1 1
41	2 5 1 4 8 2 2 1 1
42	5 10 1 2 4 8 2 1 1
43	3 5 11 1 3 6 4 2 2 1 1
44	1 7 2 7 3 4 1 2 3 4 1
45	2 4 3 1 3 3 2 1 3 4 1
46	1 3 3 2 1 1 2 3 1 2 3 2 1 2 1
47	2 2 3 7 2 3 4 1 3 1 5
48	1 3 1 2 8 2 4 4 4 1 5
49	1 4 3 1 4 3 5 4 4 1 5
50	1 4 2 1 4 1 5 2 1 2 4 1 2 1
51	1 4 3 1 1 4 1 3 2 1 4 2 1
52	1 8 2 4 1 2 1 4 7
53	1 5 1 4 1 3 1 4 2 1
54	1 4 2 4 1 3 5 2 1
55	2 6 9 1 3 4 2 2
56	2 3 5 4 3 1 2 4
57	3 9 3 5 5 1 2 2
58	4 4 3 3 3 1 1 3 1 2 5
59	5 3 7 4 1 1 1 3 2 2
60	6 23 4 1 2 5 2
61	1 3 15 2 3 1 4 2 2
62	1 18 8 2 2 2
63	8 7 16 1 16 2 2
64	6 1 5 1 12 1 16 2 2
65	6 1 5 1 6 1 16 2 2

Row clues (left to right)

Row	Clues
1	2 3 3 20 17
2	8 5 20 3 6 1
3	1 3 6 1 20 3 4 3
4	1 1 3 1 1 1 1 3 3
5	1 1 2 1 1 3 2 1 3 1 2 7 2 3
6	1 1 2 1 1 3 3 1 3 1 1 11 2 3
7	1 1 2 1 1 1 4 1 1 1 1 3 9 1 3
8	10 1 1 3 1 1 6 1 4 8 2 3
9	17 1 1 4 6 2
10	1 13 20 2 3 3 1 4 3
11	1 15 2 1 3 2 2 2 1 4 1
12	1 17 2 1 4 4 2 2 2 2 1 3
13	1 17 2 3 1 6 2 2 4 1 3
14	14 3 5 2 6 1 4 3 1 3
15	13 1 2 7 1 2 2 5 1 3
16	12 5 2 3 2 2 3 7 1 3
17	10 2 1 7 3 1 6 7
18	10 2 1 6 3 4 5 1 7
19	10 1 2 3 9 2 2 5
20	8 2 2 3 2 2 3 9 5
21	8 4 2 3 1 3 2 9 6
22	9 3 2 3 2 2 2 8 6
23	10 1 7 3 4 2 6 6
24	10 2 6 3 1 2 5
25	9 5 2 3 3 3 6
26	7 1 9 4 5 6
27	9 1 7 16 7
28	2 5 9 3 12 9
29	5 1 25 2 10
30	4 11 4 5 2 10
31	8 2 1 4 2 1 4
32	3 2 1 1 4 27 3
33	2 1 2 1 6 3 2 3 2 2
34	2 2 1 1 5 2 4 3 2 3 2
35	2 1 13 2 4 5 2 3 6
36	1 1 1 2 1 3 5 2 7
37	1 1 1 3 1 5 3 3 1
38	1 1 1 2 2 5 4 3 3 5
39	1 2 1 2 2 5 4 3 1 5
40	1 2 29 1 5
41	2 1 28 1 4
42	1 1 1 2 4
43	1 27 1 4
44	2 26 8
45	1 26 4
46	2 27 4
47	1 1 38 3
48	1 1 17 3 3 2 3
49	2 1 16 3 5 5 3 3
50	1 2 13 5 5 5 9 3
51	1 1 3 3 5 4 3 3
52	1 1 3 2 3 3 3 4 2 1 3
53	2 1 8 5 5 5 4 2 5
54	2 1 7 5 5 4 4 2 6
55	2 1 1 2 4 1 1
56	1 1 1 26 1 1
57	4 3 3 25 2 7
58	15 2 4 2 2 2 8
59	18 32 1
60	15 1 1 2 1
61	15 1 1 2 3 1 9
62	15 1 1 1 5 1 10
63	20 1 5 1 1
64	18 1 2 3 1 2
65	18 37

B76 최대한 예쁜 표정을 지어요

65×65

열	단서
1	15 7 17
2	15 9 18
3	15 3 1 2 17
4	15 1 1 8 1 19
5	15 3 1 11 19
6	3 6 4 1 1 1 9 1 16
7	3 4 1 6 1 1 1 2 2 12
8	2 2 2 3 1 1 1 7 2 1 8
9	1 3 4 1 1 1 12 6
10	6 4 1 1 1 8 7
11	6 4 4 1 1 7 5
12	4 4 5 1 1 3
13	6 4 5 1 1 9 2
14	6 4 5 1 1 13 2 4 7
15	4 4 5 1 1 16 2 3 9
16	6 4 4 1 27 1 8
17	6 4 1 1 5 8 3 3 9
18	4 1 6 5 2 5
19	4 4 1 6 5 3 2
20	2 4 4 1 6 4 2
21	1 6 6 1 7 3 3
22	4 5 12 3 3
23	3 5 3 8 2 3
24	4 4 2 4 8 1 2 2
25	3 1 2 1 2 9 2 3
26	3 4 2 1 2 7 2 3
27	3 1 3 2 1 2 5 3 2
28	4 1 3 1 1 2 3 4 3
29	5 5 1 5 3 3
30	6 4 2 3 2 4 3 4
31	1 6 2 7 4 7 3 4 1
32	1 10 5 1 2 2 6 3 3 3
33	2 8 4 2 1 1 4 1 9
34	3 6 7 3 4 6 5 1
35	4 17 3 13 3 2
36	6 7 3 6 17 2 1
37	6 5 3 4 3 5 7 2
38	6 4 2 3 2 4 1 1 2
39	6 5 5 5 5 1 2 6
40	5 6 3 1 1 6 3 3 2
41	5 6 1 2 1 3 3 5 2 6
42	5 7 3 1 1 3 4 2 2 2 4
43	4 7 3 2 10 1 6
44	3 1 3 4 1 1 4 3 1 5
45	2 2 2 1 4 2 2 4 2 1 2
46	1 4 2 1 17 2 1 2
47	1 4 3 17 6 2 2 3
48	1 5 10 3 3 3 2 2 1 5
49	1 5 2 4 2 3 1 8
50	1 5 1 4 4 2 1 8
51	1 5 3 2 1 2 2 2 8
52	1 5 3 5 1 3 4 6 10
53	1 5 1 3 3 2 1 8 2 9
54	1 5 2 5 3 1 1 4 2 10
55	1 5 8 1 2 2 1 10
56	1 5 7 1 2 12
57	1 5 8 2 2 13
58	1 5 11 2 1 13
59	1 5 8 8 15
60	1 5 17 4 13
61	1 28 8 13
62	2 3 1 13 3 15
63	3 2 1 8 15
64	3 1 1 8 2 13
65	4 1 16 10

행	단서
1	9 35
2	8 12 7 13 4
3	7 12 11 11 16 3
4	5 12 13 9 18 1
5	6 12 4 7 7 21
6	7 2 2 2 3 6 4 18
7	8 2 2 2 2 6 6 14
8	8 2 6 10 1
9	7 9 6 5 13 9 1
10	6 10 1 5 15 1 3 2 2 1
11	5 11 6 8 10 1 1 2 1 1
12	6 10 6 5 1 3 7 2 4 1
13	7 4 3 4 8 2 6 1
14	7 4 2 1 5 18
15	7 6 1 5 4 6 10
16	1 6 2 3 5 5 10
17	1 6 2 9 8 3 12
18	20 4 6 2 4 6
19	1 7 1 4 1 2 2 5
20	20 1 3 1 1 4 4 5
21	1 5 2 1 3 2 5 2 1 3
22	21 2 2 3 4 3 1 2 1 3
23	9 2 1 6 2 3 1 4
24	11 4 1 4 5 3 4
25	12 2 1 8 3 4 5
26	3 7 3 4 4 2 6
27	3 10 2 1 6 3 5
28	3 3 7 2 1 4 4 7 5
29	2 5 3 6 4 2 1 4 2 6
30	2 3 3 3 4 1 1 5 1 8
31	2 3 4 3 2 1 2 3 1 2 3 4
32	2 3 4 3 2 2 1 2 1 4 4
33	2 3 4 4 1 1 1 2 2 3
34	2 3 4 5 1 2 2 1 2 3
35	2 3 4 5 2 4 3 1 2 2
36	2 3 3 6 1 5 6 1 2
37	9 7 2 10 2 1 1 1
38	1 2 8 3 10 2 2 1 1
39	3 2 9 5 3 4 1 1 2 1
40	7 7 10 2 1 2 1
41	6 1 13 4 1 1 2 1
42	8 7 1 8 5 1 1
43	8 5 2 3 2 8 2 1
44	11 6 1 3 9 2 1
45	10 1 5 2 3 3 1 1
46	9 1 6 1 8 2 2
47	9 1 8 5 2 1 3
48	9 3 7 2 2 6
49	8 1 1 9 2 8
50	8 5 7 3 9
51	7 2 2 4 5 12
52	7 3 3 1 2 5 14
53	7 5 4 4 20
54	7 4 1 7 17
55	6 4 2 1 2 17
56	6 4 1 1 2 18
57	6 4 1 1 2 18
58	6 4 2 4 18
59	5 4 1 2 19
60	5 4 1 19
61	1 2 1 2 1 1 2 3
62	0
63	0
64	0
65	0

C77 아이들이 놀기 좋은 카페예요

난이도 ★★★★☆

70×60

C78 바텐더가 있어요

난이도 ★★★★☆

70×60

C79 얼음 위에서 공을 쳐요

난이도 ★★★★☆

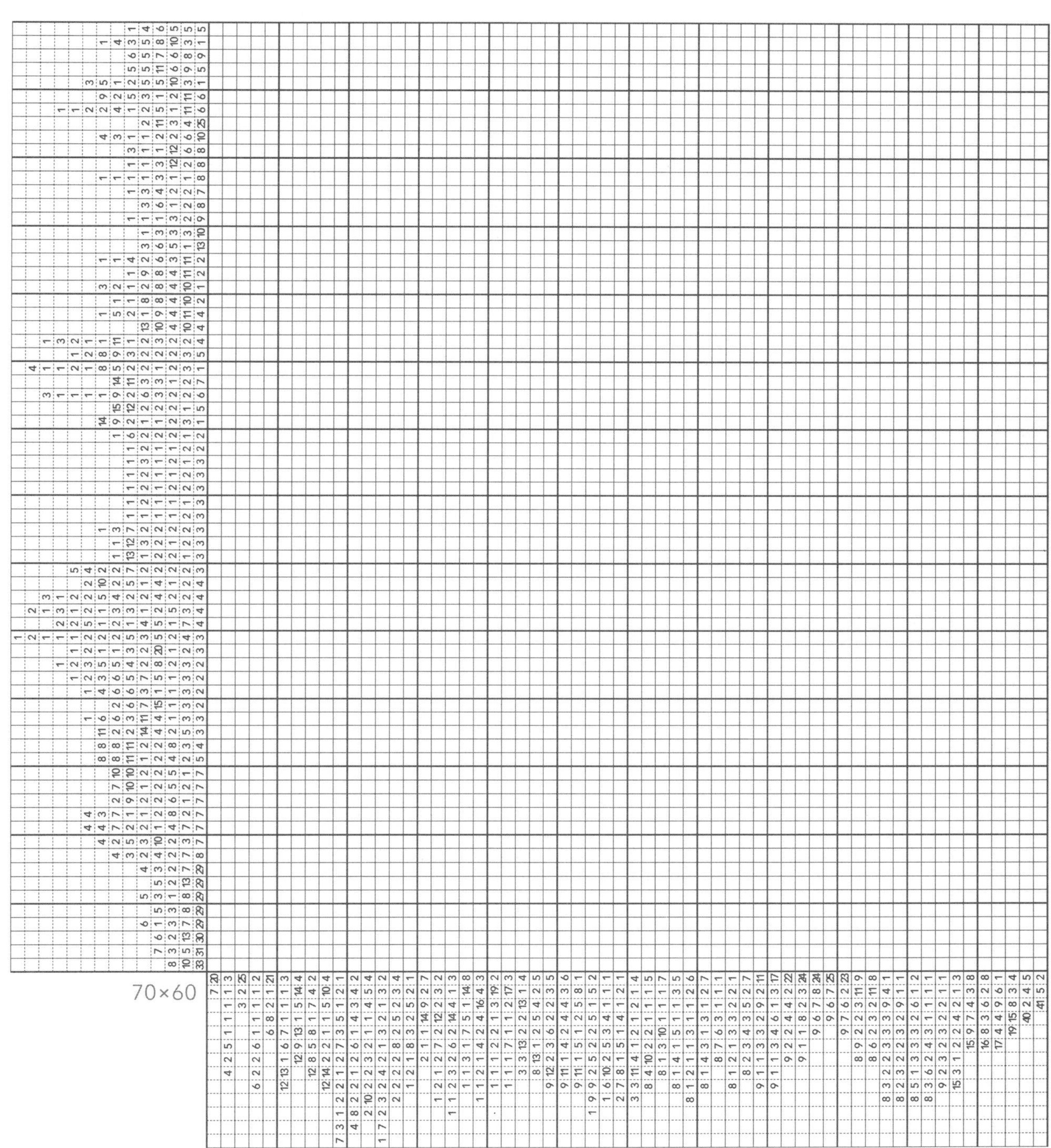

70×60

C80 펑! 터지지 않게 조심해요

난이도 ★★★★☆

70×60

C81 커다란 비눗방울이 나를 감싸요

난이도 ★★★★☆

60×70

Column clues (top to bottom)

Column	Clues
1	18 1 1
2	7 8 1 1
3	6 1 1 6 1 1
4	6 4 1 1 1 2 9 4
5	8 2 2 6 1 21 2
6	13 8 4 22 1
7	10 2 22 1
8	7 2 2 25 1
9	7 4 28 1
10	7 2 1 9 6 23 1 1
11	6 2 1 1 3 12 1 1 3 1
12	5 2 1 1 9 10 2 1
13	5 2 1 2 4 14 3
14	5 5 4 25 1
15	4 2 4 26 1
16	5 3 3 26 1
17	7 4 27 1
18	1 7 20 1 2 1
19	1 23 1 1 1 1
20	2 10 7 2 1 3
21	1 2 7 2 5 3 1
22	2 1 5 8 5 3 1
23	1 1 5 5 3 1
24	1 1 6 5 3 1
25	4 2 6 5 3 1
26	2 3 7 5 3 1
27	2 2 2 8 5 3 1
28	1 3 1 9 5 3 1
29	3 2 9 5 3 1
30	3 2 10 5 3 1 4
31	4 6 11 5 3 9
32	9 12 5 3 3 3 2
33	9 20 5 5 3 3
34	3 3 10 4 5 4 3 2
35	3 9 9 15 1 3 3
36	3 11 2 1 3 3
37	3 4 9 5 2 1 2 2
38	2 3 4 3 2 6 2 7 2
39	3 2 10 2 2 3 2 2 8 2
40	2 3 10 2 4 1 2 9 2
41	3 3 5 3 3 1 1 8 1 3 2
42	2 2 5 4 2 1 1 5 3 2
43	3 3 4 2 1 1 1 2 2 1 1 6 2
44	2 3 3 4 1 2 1 2 1 7 2
45	2 2 4 10 1 17 2
46	3 2 4 2 2 1 2 1 1 1 8 2
47	3 3 5 2 1 2 1 2 1 3 2
48	2 2 5 4 2 2 1 4 3 2
49	2 3 7 2 3 1 1 9 3 2
50	2 4 6 3 2 1 2 1 2 6 2
51	2 5 9 1 4 2 2 5 2
52	2 4 5 2 2 3 1 2 8 3
53	3 3 7 4 2 2 8 3
54	13 6 7 2 1 2 3
55	6 5 3 7 5 2 1 2 2
56	4 8 10 5 2 1 3 2
57	9 6 1 3 3
58	14 18 3 2
59	45 6
60	52

Row clues (left to right)

Row	Clues
1	8
2	13
3	7 4
4	5 3
5	5 3
6	4 3
7	3 3
8	4 2
9	8 4 2 2
10	10 4 3 1
11	11 3 6 1
12	13 3 10 1
13	14 4 8 2 1
14	8 2 4 8 1 2
15	7 2 5 5 1
16	4 2 1 7 1 2 6
17	4 2 2 4 2 4 2 1 6
18	4 2 1 1 3 2 4 3 6
19	3 2 1 3 2 4 2 1 3 5
20	4 2 3 1 1 2 2 3 7 5
21	9 2 1 2 2 3 11 5
22	6 8 1 4 4 12 5
23	4 1 3 2 3 4 5 7 5
24	3 2 4 6 7 4 5 4
25	2 1 2 2 1 9 4 1 1 4 3
26	1 4 1 15 3 1 1 4 1 3
27	1 1 1 2 14 1 3 1 1 2 2 3
28	1 2 1 1 14 2 4 4 3 2 3
29	1 1 1 1 14 2 3 4 4 1 3
30	1 1 1 1 14 3 7 5 2 2
31	1 1 1 1 1 10 5 1 1 1 7 2
32	1 1 2 2 2 7 4 2 1 2 6 2
33	1 1 1 2 1 4 4 9 5 2
34	1 1 2 2 1 1 3 2 1 2 5 2
35	1 2 1 2 1 1 3 2 1 2 5 2
36	5 1 2 1 1 3 1 2 5 2
37	1 1 1 2 1 2 2 4 2 2
38	1 1 1 2 1 1 2 2 2 2 2
39	4 2 5 1 2 2 4 2
40	1 2 1 5 2 4 1 3
41	1 1 2 5 1 1 3 3
42	2 1 12 1 4 3 5 3
43	5 12 15 4 6 5 3
44	1 12 15 3 4 3
45	1 14 15 3 4 3
46	10 6 15 2 3 3
47	10 6 15 2 1 3
48	8 6 1 2 2 3
49	8 6 1 3 3 3
50	8 6 1 4 5 3
51	7 6 1 1 4 1 3
52	7 6 1 1 1 1 3
53	7 7 1 1 1 1 3
54	6 7 2 2 1 2 3
55	6 6 14 7 1 9 3
56	7 7 15 7 1 9 3
57	34 8 3
58	7 7 1 3 1 2 2
59	7 6 2 6 1 8 2
60	32 3 3 4 2
61	7 6 2 16 1
62	7 6 1 24 1
63	7 6 30
64	7 6 7 3 4 2 5
65	5 7 4 3 4 2 3
66	4 3 6 2 2 4 2 2
67	1 2 2 4 2 4
68	1 2 1 6 8
69	2 1 1 25
70	16 20

C82 느긋한 뜨개질 시간

난이도 ★★★★☆

60×70

열	세로 힌트
1	8 1 2 7 16 1 8
2	8 1 2 4 15 6 1 2 3
3	8 1 2 25 2 1 2 2
4	8 1 2 10 6 6 8 1 2 1
5	8 1 2 2 4 6 6 1 11 1 4
6	8 1 2 5 7 6 23
7	8 1 2 7 6 23
8	8 1 2 2 4 6 22 3
9	8 1 2 6 4 2 16 1 2 5
10	8 1 2 4 3 1 1 10 4 5
11	10 2 3 7 2 5
12	10 2 8 6 10
13	2 3 5 5 2 4
14	2 2 3 7 1 3
15	13 6 3 5 1 2
16	7 3 4 2 3
17	7 5 4 7
18	7 7 2 3 3 1 1 5
19	18 2 3 3 4 1 4
20	2 5 7 1 6 3 6 8
21	2 3 9 3 1 6 3 3 1 4
22	2 3 3 1 4 5 3 3 4 1 4
23	1 3 3 1 3 2 4 5 4 1 3
24	2 3 1 2 3 1 14 3 1 2
25	2 3 4 1 3 11 3 4 3 3
26	1 4 1 1 2 1 1 5 14 1 4
27	1 2 1 3 2 1 1 2 5 4 5 1 3
28	4 2 1 2 2 1 1 13 3 3 2 2
29	2 2 2 3 3 1 1 5 2 5 4 1
30	1 2 3 3 1 1 2 1 1 13 3 1 2
31	1 2 4 2 2 1 2 1 11 5 2 7
32	1 2 4 3 2 1 3 3 9 2 6 3
33	1 2 5 2 2 2 14 3 19
34	2 3 6 7 1 13 27
35	6 4 6 2 2 2 6 18
36	3 2 7 1 13 2 2 4
37	4 11 1 2 1 2 8 5
38	7 7 2 3 2 14 5
39	7 2 3 16 2 3
40	8 5 12 1 3 2 3
41	8 3 10 1 3 1 6
42	9 3 12 1 1 1 1 9
43	11 3 15 3 2 6
44	13 18 3 7
45	17 15 3 3 6
46	16 16 10 4 3 3 7
47	16 16 5 2 1 1 3 2 4
48	2 2 12 1 3 1 1 1 3
49	2 2 3 3 4 2 3 3
50	2 2 2 2 2 2 3 2 5 1 1
51	2 2 3 1 7 1 4 9 1
52	2 2 3 2 2 3 1 1 1 2 3
53	2 2 1 6 3 2 2 1 1 2 2
54	2 2 5 5 3 1 1 2 1 1
55	2 2 1 4 3 1 3 1 1 1
56	2 2 5 2 1 3 1 3 4 1
57	2 2 1 6 3 3 8 2 1
58	16 3 2 2 4 7 3 2
59	16 3 2 8 8 5 3 2
60	5 6 1 3 13

행	가로 힌트
1	12 1 6 14
2	12 1 2 2 14
3	12 1 5 1 2 2
4	12 1 4 5 1 2 2
5	12 1 2 9 2 2
6	12 1 2 2 4 2 2
7	12 1 2 2 4 2 2
8	12 1 1 10 2 2 2
9	2 1 1 6 6 2 2 2
10	12 1 7 5 2 2 2
11	1 4 5 1 2 2
12	1 3 5 1 2 2
13	15 3 2 2 6 2 2
14	14 3 3 4 2 2 2 2
15	2 3 1 1 4 1 2 14
16	3 2 1 3 1 2 14
17	4 1 1 2 2 2 7
18	3 1 8 4 11 7
19	5 4 1 12 1 1 1 1
20	5 6 6 13 2 1 1 2
21	5 8 3 15 1 1 1 1
22	1 3 9 3 14 2 2 2 2
23	4 3 16 2 11 2 1 1 1
24	4 4 6 2 3 8 1 1 1 1
25	4 2 2 4 1 7 7 2 2 4
26	3 5 3 1 6 6 5 5
27	3 4 2 5 3 1 2 6 5
28	2 5 2 2 9 1 1 2 6 2
29	3 4 2 2 1 1 5 2 1 2 1 5 2
30	7 1 1 1 2 2 2 1 2 5 5 5
31	6 2 2 7 4 4 4 4 1 1
32	5 3 1 5 20 4 2 2
33	5 4 1 11 2 5 1 3 4 2 2
34	4 4 1 3 4 2 2 5 1 7 1 1
35	4 4 4 2 5 2 4 6 1 2
36	3 3 3 1 8 4 1 3 1 2
37	3 4 4 1 4 7 2 3 2 3 3
38	1 1 3 1 3 2 4 1 5 4 5 13
39	6 3 2 2 2 3 7 9 1 10
40	6 7 3 5 5 12 7
41	5 6 7 2 2 2 9 4
42	2 2 7 3 4 5 1 9 8
43	4 8 3 3 8 9 3
44	15 2 3 4 2 2 10 3
45	9 6 4 5 9 3
46	9 9 3 2 9 3
47	9 11 3 10 3
48	8 6 2 1 9 2 3
49	8 4 1 5 8 2 2
50	7 1 5 4 2 1 1
51	7 2 3 5 2 2 2
52	7 3 5 5 1 1
53	9 3 3 6 1
54	6 4 2 3 3 1 1 1
55	5 4 1 2 2 1 4 1 1
56	5 6 1 2 2 2 3 1
57	4 6 2 2 2 2 1
58	5 5 1 2 1 4 2 1
59	5 5 1 8 1 1
60	3 2 1 3 1 4 1 3
61	11 1 3 2 3 1 2
62	2 3 5 2 3 2 2 2 3 2
63	2 5 1 5 3 3 1 1 7 1
64	1 6 1 1 9 3 1 1 1 7 1
65	1 5 1 1 1 1 4 2 6 4 1
66	1 3 4 2 1 4 5 1 7 2 1
67	1 6 6 3 5 9 1 1
68	2 7 8 3 5 8 4 2
69	3 19 3 8 1 2 2
70	4 8 8 6 10

C83 얼쑤~!

난이도 ★★★★☆

70×70

Column	Clues
1	0
2	5 14 28
3	39 3
4	13 20 3
5	28 3
6	24 3
7	8 9 6 2
8	4 3 12 6 2
9	6 13 7 2
10	3 2 12 3 2
11	4 6 7 6 2
12	13 4 3 7 2
13	13 3 1 7 1
14	13 3 6 1
15	13 2 4 1
16	9 4 1 1
17	8 4 5 1 9 1
18	10 1 2 4 5 1
19	12 2 3 3 1
20	7 2 2 1 1
21	7 2 5 5 1
22	6 1 2 4 12 1
23	4 3 2 3 4 1 1
24	4 3 3 1 1 3 1 1
25	3 3 1 1 7 2
26	7 5 1 20 2
27	3 1 2 1 26 2
28	1 1 2 1 1 18 2
29	1 1 4 1 1 8 2
30	11 15 11 2
31	1 1 2 2 1 20 2
32	1 1 2 1 1 26 3
33	1 1 2 2 1 10 20
34	1 4 1 1 25 3
35	1 3 2 1 24 2
36	1 4 2 1 5 17 3
37	11 28 4 3 1
38	1 8 3 3 1 6 6 1
39	1 2 9 2 2 1 5 2 2
40	1 2 5 1 1 1 4 2 3
41	1 1 4 1 1 1 3 2 5 3
42	1 1 1 1 1 1 3 2 12 4
43	1 3 2 2 3 2 9 8 5
44	1 4 1 2 2 2 6 2 3
45	7 1 2 1 6 1 1 1 3 3
46	1 3 1 19 1 2 1 1 16
47	1 2 3 7 1 1 2 2 1 1 2 3
48	1 2 2 9 1 2 4 1 3 2 2 2 2 2
49	3 2 9 1 2 1 11 2 2 2 2
50	2 2 1 9 2 8 2
51	2 2 1 5 3 2 3 1 2
52	2 2 1 1 3 3 2 1 5 1 2
53	1 2 1 1 3 2 9 2
54	2 2 3 4 1 2 2 3 2
55	37 4 2 3 2 2 2 2 3
56	41 3 2 2 2 2 3
57	1 1 11 1 2
58	1 1 6 1 2 15 3
59	1 1 6 1 1 9 6
60	1 1 5 1 2 18
61	1 1 4 1 1 3 4 3 3
62	1 1 4 1 5 3 3 2 3
63	1 1 8 4 5 2 2 3
64	1 1 2 7 1 1 1 3 2 1 2
65	31 1 1 7 2 2 2
66	6 9 10 3 1 2
67	56 2 1 3
68	1 1 1 3 8 3 1 3
69	1 1 1 3 4 5
70	1 1 1 20 5

Row	Clues
1	5 4 5
2	9 2 14
3	12 7 2 3
4	14 1 2 3 6
5	15 1 2 15
6	11 1 12 2 2 3
7	11 1 1 3 2 2 1 1
8	9 3 1 8 7 2 2 1 1
9	9 2 1 1 1 2 3 2 2 1 1
10	6 2 2 2 1 3 3 2 2 1 1
11	4 1 12 5 2 1 1
12	7 1 2 1 5 1 2 1 1
13	8 4 1 6 3 2 1 1
14	10 8 2 4 4 2 1 1
15	2 8 3 1 2 7 1 2 1 1
16	6 2 1 3 5 1 2 1 1
17	4 5 3 2 4 1 2 1 1
18	2 6 2 3 1 2 1 1
19	1 10 2 1 2 1 1
20	2 3 1 1 2 1 1
21	1 1 2 1 2 1 1
22	12 1 2 1 2 1 1
23	11 1 3 1 2 1 1
24	11 2 3 1 2 1 1
25	6 4 2 3 1 1 2 1 1
26	10 3 3 1 1 2 1 1
27	9 4 6 1 1 9 3 1
28	10 8 1 1 4 3 3 1
29	9 6 1 1 11 1 1 1
30	5 3 6 1 1 6 2 1 1 1
31	9 3 3 1 1 10 5 1 1 1
32	9 3 1 1 5 6 9 3
33	11 7 1 3 6 9 2
34	8 12 3 1 2 4 11 2
35	2 4 2 2 2 2 2 1 3 15 1 2
36	7 1 2 2 2 5 1 5 11 1 2
37	7 2 2 1 2 2 8 15 1 2
38	6 2 1 2 1 2 1 9 2 1 2
39	6 2 2 1 1 5 1 1 3 3 9 2
40	5 1 1 1 1 12 1 2 2 2 5
41	5 1 1 1 1 20 4 2 4
42	4 1 1 1 1 4 16 2 2 3 4 1
43	5 1 1 1 1 17 2 4 2 3 2
44	5 1 1 1 1 15 2 3 3 3
45	5 2 2 1 10 3 6 2 4
46	4 1 1 1 13 1 9 1 2 2 2
47	4 1 1 2 8 1 9 1 2 3 1
48	4 1 1 2 8 1 2 2 1 7 1
49	4 1 1 2 8 1 2 2 1 2 5 1
50	3 2 1 2 3 3 1 2 2 1 1 5 1
51	3 1 1 2 7 10 2 1 1 4 1
52	3 1 2 7 6 11 4 1
53	3 1 2 7 2 1 4 2 3 4 1
54	3 1 2 6 2 2 2 3 3 1
55	3 1 2 6 1 5 1 2 3 1
56	2 2 6 1 2 2 1 2 1 1
57	2 6 5 2 2 1 3 1
58	2 7 3 1 2 1 3 1
59	2 7 3 1 2 1 1 2 1
60	2 6 3 1 2 2 1 1 2 1
61	1 7 3 1 2 1 2 3 2
62	1 5 1 4 1 2 1 2 6
63	1 4 1 3 2 2 2 1 3 5
64	1 3 1 3 2 2 1 1 2 3
65	1 2 1 2 3 2 3 3
66	1 1 2 1 2 1 2 2 3 6
67	1 1 1 2 1 2 2 2
68	5 3 2 8 2 6 4
69	11 12 32
70	69

C84 놀이공원에서 빠질 수 없는 놀이기구

난이도 ★★★★☆

70×70

열	단서
1	4 4 1 4
2	1 12 1 6 6 1 2
3	4 1 1 3 1 2 5 2 3 1
4	2 2 3 3 1 1 1 4 4 2
5	1 1 2 1 1 4 2 1 5 1
6	1 1 2 4 6 1 4 6 1
7	2 4 2 5 5 1 9 3 9 1
8	10 4 3 3 4 4 7 1
9	4 3 2 1 3 1 1 1 4 5 8 1
10	3 2 6 2 1 1 8 2 10 1
11	4 3 6 2 1 2 6 2 1 8 2
12	10 7 2 1 2 1 7 1 2 8 1
13	3 7 2 2 1 7 12 1 13 1
14	2 2 3 25 3 2 4 1
15	2 2 3 2 1 1 3 11 1
16	1 1 2 17 7 2 1 11 1
17	1 1 2 1 6 2 1 3 1 1 2 1 3 6 1
18	2 1 2 10 4 3 1 3 2 6 1
19	2 1 2 1 3 4 1 4 2 2 5 7 1
20	2 1 2 24 2 5 13 1
21	2 1 2 1 4 1 3 2 2 1 9 1
22	3 2 3 21 8 2 10 1
23	4 1 2 4 3 1 4 19 1
24	3 1 4 2 2 6 1 3 7 11 1
25	3 9 10 6 6 11 1
26	2 3 4 3 2 3 7 8 11 1
27	3 3 3 10 4 6 3 4 8 1
28	2 3 3 2 6 4 1 1 3 1 6 1
29	2 3 3 6 3 4 2 4 5 1
30	2 5 3 10 3 3 5 3 4 1
31	2 11 3 4 1 4 1 2 1 1 4 5 4 1
32	1 3 5 1 2 2 4 4 3 1 1 3 12 1
33	2 3 2 2 7 2 8 2 2 3 13 1
34	1 3 1 2 4 4 8 1 2 6 11 1
35	5 2 3 31 1 13 1
36	1 1 2 2 1 1 1 3 1 1 3 1
37	5 2 2 23 13 13 1
38	1 3 2 2 6 4 1 1 3 6 3 11 1
39	2 3 1 2 4 4 1 1 2 8 4 7 1
40	1 3 1 2 6 4 1 5 3 1 1 7 1
41	2 2 1 2 1 9 1 4 2 2 8 1
42	1 3 4 2 4 22 3 12 1
43	2 10 7 3 2 4 4 2 8 1
44	2 4 3 2 2 19 3 2 7 1
45	3 2 3 10 1 1 1 4 2 9 1
46	2 2 3 2 1 5 1 1 3 2 2 11 1
47	3 2 4 7 1 1 3 4 1 1 10 1
48	2 9 5 3 1 3 8 2 2 10 1
49	9 2 1 6 6 3 8 10 1
50	4 1 2 3 5 6 8 10 1
51	2 1 3 5 3 7 8 10 1
52	2 1 2 1 9 5 6 2 3 10 1
53	2 1 2 11 6 1 2 1 16 1
54	1 1 2 3 7 4 1 1 4 2 11 1
55	1 1 3 6 3 3 1 1 1 6 9 1
56	1 2 3 9 2 2 1 1 4 2 8 1
57	2 2 2 1 7 6 2 2 4 5 8 1
58	2 5 2 4 2 1 1 1 1 3 3 10 1
59	2 8 22 2 3 9 2
60	4 3 2 1 1 3 2 14 1
61	3 2 15 12 1 3 1
62	3 3 5 1 8 3 15 1
63	3 4 3 1 1 3 2 2 8 1
64	9 17 2 13 1
65	6 2 1 2 2 5 2 3 5 1
66	1 2 2 17 1 2 4 9 1
67	1 2 2 4 1 2 1 4 1 1 3 2 6 1
68	3 2 2 3 1 6 1 2 1 4 4 2
69	1 2 10 1 2 2 2 4 1 2
70	6 4 1 3 5

행	단서
1	7
2	4 1 1 3
3	5 2 2 5
4	6 4 4 5
5	6 13 6
6	8 6 6 7
7	9 6 4 5 9
8	3 9 8 8 3
9	4 6 3 4 4 3 5 5
10	3 7 2 4 2 2 4 2 4 3
11	1 10 2 2 2 2 2 12 1
12	1 2 7 2 2 2 2 3 3 3
13	3 4 2 3 3 6 2 3 2 4 2
14	1 2 2 2 6 7 16 5 2 5 1
15	3 2 2 21 16 2 2 3
16	1 2 6 8 3 7 3 2 3 1
17	1 8 4 12 3 9 1
18	1 9 1 1 8 7 4 10 3 10 1
19	1 6 6 10 3 12 8 8
20	2 2 14 11 2 4 1 7 2 4 3
21	4 8 10 1 2 2 1 5 7 16 2
22	2 7 1 3 3 8 3 1 7 13 4 2 2
23	8 5 20 3 3 3 2 8 10
24	3 9 5 4 2 3 2 6 11 2 1 2 6
25	5 3 1 1 18 2 7 12 4 3
26	3 5 1 7 2 1 12 10 1 1 1
27	1 2 1 1 7 1 1 7 6 1 1 1 1
28	6 1 1 1 1 1 1 1 1 1 1 1 1
29	9 1 1 1 1 1 1 1 6 1 1 1 1
30	5 2 1 1 1 1 1 1 1 8 1 1 1 1
31	3 3 1 1 1 6 1 1 1 1 7 1 1 1 1 1
32	7 1 2 5 14 6 11 3 4 5
33	2 2 1 1 1 1 11 1 1 1 5 1 1 1 1 1 1
34	3 7 1 1 6 5 1 1 1 5 1 1 4 3
35	7 2 1 1 3 3 1 1 1 7 4 1 3
36	2 1 2 1 1 3 1 1 3 2 1 1 3 5 1 3 3
37	1 3 3 1 2 3 1 1 1 1 1 6 4
38	1 4 8 2 2 8 1 1 1 3 3 2
39	1 3 2 1 4 1 9 1 1 1 1 4 1 2 2
40	1 2 1 3 1 1 3 1 1 2 3 1 4 2
41	1 5 2 1 3 5 3 1 6 1 4
42	4 5 1 1 3 1 6 4 5 2 2 1 1
43	3 9 1 1 2 3 1 6 3 2 1 3 2
44	2 8 1 1 1 1 4 3 6 1 1 3
45	1 6 2 4 1 1 4 1 1 1 2 5 1 1
46	1 5 6 1 7 1 1 2 4 3 2
47	1 4 1 1 3 11 1 6 9 3
48	2 4 5 7 5 4 4 4 2
49	2 1 1 2 3 5 3 1 4 2 4 2 1
50	1 1 2 1 1 4 5 1 7 5 1 3 1
51	1 2 4 2 4 5 1 2 9 2 1 1 1
52	3 3 8 4 1 1 3 2 6 3
53	1 2 4 4 3 1 5 2 3 2 2 1 3 1
54	1 3 2 2 3 2 2 1 1 2 2 1 2 1 1 2 2
55	1 1 1 1 2 2 1 1 9 1 1 2 1 1 2 1
56	3 2 2 4 1 1 1 2 1 1 1 2 1 2 1 1 1 5
57	3 1 1 1 3 1 6 5 4 2 9 2 1 1 1 3
58	7 3 7 6 3 2 10 3 3 1
59	9 3 7 6 2 1 16 3 2
60	11 2 9 6 2 3 16 7
61	12 13 5 24 9
62	1 11 14 4 24 7 1
63	1 26 4 32 1
64	1 30 31 1
65	2 56 2
66	3 47 2
67	3 23 3
68	5 7
69	11 13
70	25

C85 신랑·신부 입장

난이도 ★★★★☆

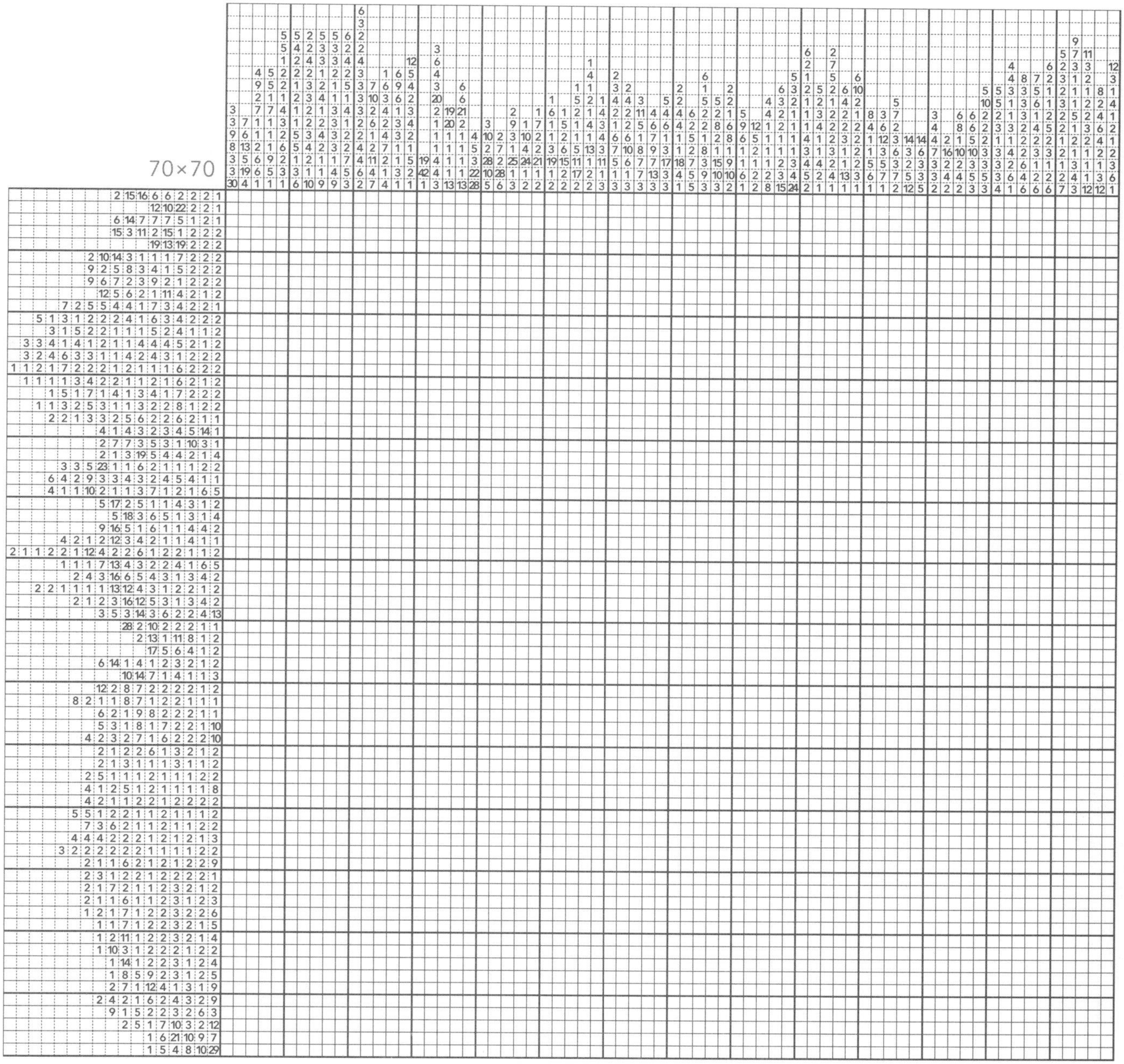

70×70

열	힌트 (위→아래)
1	3 3 9 8 3 3 30
2	7 6 13 5 19 4
3	4 9 2 7 1 1 2 6 6 1
4	5 5 1 7 1 1 1 9 5 1
5	5 5 1 2 2 1 4 3 2 6 2 3 1
6	5 4 2 2 1 2 1 1 5 5 1 3 6
7	2 2 4 2 3 3 2 2 3 4 2 1 10
8	5 3 3 1 2 4 1 2 4 2 1 1 9
9	5 3 3 2 1 1 3 3 3 3 1 4 9
10	6 2 4 2 5 1 4 1 2 2 7 5 3
11	6 3 2 2 4 3 3 3 3 2 2 4 4 6 2
12	7 10 2 6 1 2 11 4 7
13	1 6 3 4 2 4 7 2 1 4
14	6 9 6 1 3 3 1 1 3 1
15	12 5 4 2 3 4 2 1 5 2 1
16	19 42 1
17	3 6 4 3 20 2 1 1 1 4 4 3
18	19 20 1 1 1 1 13
19	6 6 21 2 1 1 1 1 13
20	4 5 3 22 28
21	3 10 2 28 10 5
22	2 7 2 28 6
23	2 9 3 1 25 1 3
24	1 10 4 24 1 2
25	1 7 2 2 21 1 2
26	1 6 1 1 3 19 1 2
27	1 5 2 6 15 2 2
28	1 5 2 1 1 5 11 17 2
29	1 4 1 2 1 4 1 13 1 2 2
30	1 4 3 4 3 11 1 3
31	2 3 4 2 1 6 7 5 1 3
32	2 4 2 2 6 10 6 1 3
33	3 11 5 1 8 7 7 3
34	4 6 7 9 7 13 3
35	5 4 6 1 3 17 3 3
36	2 2 4 4 1 1 18 4 1
37	6 2 5 2 7 5 5
38	6 1 5 2 2 1 8 3 9 3
39	5 2 8 2 1 15 10 3
40	2 2 1 6 8 1 9 10 2
41	5 9 6 1 1 6 1
42	12 5 2 1 2 2
43	4 4 1 1 1 1 2 8
44	6 3 2 2 1 1 2 3 15
45	5 3 2 1 1 1 1 3 4 24
46	6 2 1 2 1 1 4 3 4 5 2
47	5 2 3 4 1 1 4 2 1
48	2 7 5 2 1 2 2 2 3 2 4 1
49	6 4 2 2 3 1 13 1
50	6 10 2 1 2 2 2 3 1
51	8 4 1 1 5 6 1
52	3 6 12 3 5 7 1
53	5 7 2 3 6 3 7 2
54	14 3 2 5 12
55	14 6 3 3 5
56	3 4 4 7 3 3 2
57	2 16 2 4 2
58	6 8 1 10 2 4 2
59	6 6 5 10 3 5 3
60	5 10 2 2 2 3 3 5 3
61	5 5 2 3 1 3 3 3 4
62	4 4 3 1 1 3 1 4 2 6 1
63	8 3 3 3 2 2 2 6 4 6
64	7 5 6 1 4 2 3 1 2 6
65	6 2 1 1 2 5 2 3 1 2 6
66	5 2 3 2 3 2 2 1 2 1 2 7
67	9 7 3 1 1 1 5 1 2 1 3 4 3
68	11 3 2 1 2 2 3 2 1 1 12
69	8 2 4 6 4 2 1 3 12
70	12 3 1 4 1 2 1 2 3 6 1

행	힌트 (왼쪽→오른쪽)
1	2 15 16 6 6 2 2 2 1
2	12 10 22 2 2 1
3	6 14 7 7 7 5 1 2 1
4	15 3 11 2 15 1 2 2 2
5	19 13 19 2 2 2
6	2 10 14 3 1 1 1 7 2 2 2
7	9 2 5 8 3 4 1 5 2 2 2
8	9 6 7 2 3 9 2 1 2 2 2
9	12 5 6 2 1 11 4 2 1 2
10	7 2 5 5 4 4 1 7 3 4 2 2 1
11	5 1 3 1 2 2 2 4 1 6 3 4 2 2 2
12	3 1 5 2 2 1 1 1 5 2 4 1 1 2
13	3 3 4 1 4 1 2 1 1 4 4 4 5 2 1 2
14	3 2 4 6 3 3 1 1 4 2 4 3 1 2 2 2
15	1 1 2 1 7 2 2 2 1 2 1 1 1 6 2 2 2
16	1 1 1 1 3 4 2 2 1 1 2 1 6 2 1 2
17	1 5 1 7 1 4 1 3 4 1 7 2 2 2
18	1 1 3 2 5 3 1 1 3 2 2 8 1 2 2
19	2 2 1 3 3 2 5 6 2 2 6 2 1 1
20	4 1 4 3 2 3 4 5 14 1
21	2 7 7 3 5 3 1 10 3 1
22	2 1 3 19 5 4 4 2 1 4
23	3 3 5 23 1 1 6 2 1 1 1 2 2
24	6 4 2 9 3 3 4 3 2 4 5 4 1 1
25	4 1 1 10 2 1 1 3 7 1 2 1 6 5
26	5 17 2 5 1 1 4 3 1 2
27	5 18 3 6 5 1 3 1 4
28	9 16 5 1 6 1 1 4 4 2
29	4 2 1 2 12 3 4 2 1 1 4 1 1
30	2 1 1 2 2 1 12 4 2 2 6 1 2 2 1 1 2
31	1 1 1 7 13 4 3 2 2 4 1 6 5
32	2 4 3 16 6 5 4 3 1 3 4 2
33	2 2 1 1 1 1 13 12 4 3 1 2 2 1 2
34	2 1 2 3 16 12 5 3 1 3 4 2
35	3 5 3 14 3 6 2 2 4 13
36	28 2 10 2 2 2 1 1
37	2 13 1 11 8 1 2
38	17 5 6 4 1 2
39	6 14 1 4 1 2 3 2 1 2
40	10 14 7 1 4 1 1 3
41	12 2 8 7 2 2 2 2 1 2
42	8 2 1 1 8 7 1 2 2 1 1 1
43	6 2 1 9 8 2 2 2 1 1
44	5 3 1 8 1 7 2 2 1 10
45	4 2 3 2 7 1 6 2 2 2 10
46	2 1 2 2 6 1 3 2 1 2
47	2 1 3 1 1 1 3 1 1 2
48	2 5 1 1 1 2 1 1 1 2 2
49	4 1 2 5 1 2 1 1 1 1 8
50	4 2 1 1 2 2 1 2 2 2 2
51	5 5 1 2 2 1 1 2 1 1 1 2
52	7 3 6 2 1 1 2 1 1 2 2
53	4 4 4 2 2 2 1 2 1 2 1 3
54	3 2 2 2 2 2 2 1 1 1 1 2 2
55	2 1 1 6 2 1 2 1 2 2 9
56	2 3 1 2 2 1 2 2 2 2 1
57	2 1 7 2 1 1 2 3 2 1 2
58	2 1 1 6 1 1 2 3 1 2 3
59	1 2 1 7 1 2 2 3 2 2 6
60	1 1 7 1 2 2 3 2 1 5
61	1 2 11 1 2 2 3 2 1 4
62	1 10 3 1 2 2 2 1 2 2
63	1 14 1 2 2 3 1 2 4
64	1 8 5 9 2 3 1 2 5
65	2 7 1 12 4 1 3 1 9
66	2 4 2 1 6 2 4 3 2 9
67	9 1 5 2 2 3 2 6 3
68	2 5 1 7 10 3 2 12
69	1 6 21 10 9 7
70	1 5 4 8 10 29

C86 코어 근육을 단련해요

난이도 ★★★★☆

70×70

Column clues (top to bottom, columns 1–70)

Column	Clues
1	7
2	68
3	4 1
4	69
5	3 2 2 3 3 1
6	3 2 3 4 3 2
7	1 2 1 3 6 2 1 2 2
8	1 3 2 1 3 11 2 2 3
9	1 1 2 2 1 1 1 6 3 1 2
10	1 1 20 1 21 2 6
11	1 1 5 1 1 2 1 1 2 1
12	3 20 1 21 2 6
13	6 1 1 1 1 1 1 1 1
14	9 2 4 1 1 1 1
15	3 7 4 1 3 1 1 1 1
16	1 1 1 8 3 2 3 1 1 1 1
17	1 1 1 1 5 5 1 2 1 1 1
18	1 1 1 1 2 4 1 2 1 1
19	1 1 1 1 1 1 2 1 1 1 1
20	1 1 1 1 4 1 5 3 3 3 1
21	1 1 3 4 1 3 2 2 2 4 1
22	1 1 10 6 1 3 1 1 1 5 1
23	1 1 12 5 2 4 3 6 1
24	1 1 3 3 7 5 1 9
25	1 1 1 1 1 6 6 1 9
26	1 1 1 1 9 8 1 2 11
27	1 1 1 1 7 6 21
28	1 1 1 1 7 11 13 1
29	1 1 1 1 8 10 10 1
30	1 1 1 1 7 8 7 1
31	1 1 1 1 7 4 4 1
32	1 1 1 1 7 5 2 3
33	1 1 1 1 7 5 1 6
34	1 1 1 1 8 3 8
35	1 1 1 1 8 8
36	1 1 1 1 8 9
37	1 1 1 1 9 10
38	1 1 1 1 10 10
39	1 1 1 1 10 10
40	1 1 1 1 11 10
41	1 1 1 1 11 10
42	1 1 1 1 11 9
43	1 1 1 1 11 1 7
44	1 1 1 1 10 2 6
45	1 1 5 9 1 6
46	1 1 2 1 14 2 2 5
47	1 1 1 1 5 2 2 5
48	1 1 1 2 2 4 1 5
49	1 1 2 1 1 2 7 1 5
50	1 1 3 7 12 4 1 5
51	1 1 1 3 15 5 6
52	1 1 1 1 13 7 6
53	1 1 1 1 14 9 6
54	1 1 1 1 10 11 5
55	25 2 11 5
56	2 2 10 5
57	1 2 2 5 6
58	1 2 1 6 6
59	2 10 6 4 1 1 3
60	3 2 1 9 3 1 2 1 1 2
61	1 4 1 4 2 2 1 3 1
62	1 1 3 2 4 1 1
63	1 1 57 1
64	1 7 3 1
65	1 2 58 2
66	3 2 3 3 3 1
67	3 2 3 3 1 4
68	69
69	5 1
70	68

Row clues (left to right, rows 1–70)

Row	Clues
1	4
2	54 11
3	5 4 1 1 5
4	54 11
5	3 2 2 1 1 2 3
6	1 2 2 3 4 1 2 2 4
7	1 3 38 7 6 3 1
8	1 1 3 3 2 4 1 1 1 1 5 1 1
9	1 1 48 7 1 1
10	1 1 4 3 2 1 1 1 1 1 3 1 1
11	1 1 3 2 2 2 2 1 1 1 1 1 1
12	1 1 1 1 3 2 1 2 1 1 1 1 1 1
13	1 1 1 1 2 2 1 1 1 1 1 1 1 1
14	1 1 1 1 3 2 1 1 1 1 1 1 1 1
15	1 1 1 1 5 2 1 1 1 1 1 1 1 1
16	1 1 1 1 3 1 3 1 1 1 2 1 1 1 1
17	1 1 1 1 1 1 2 7 1 1 1 1 1 1 1 1
18	1 1 1 1 1 7 14 1 1 1 1 1 1 1
19	1 1 1 1 1 2 1 20 1 1 1 1 1 1 1
20	1 1 1 1 1 2 26 1 1 1 1 1 1
21	1 1 1 1 1 27 5 1 1 1 1 1 1
22	1 1 1 1 1 26 6 1 1 1 1 1
23	1 1 1 1 1 25 7 1 1 1 1 1
24	1 1 1 1 1 24 7 1 1 1 1 1
25	1 1 1 1 4 23 8 1 1 1 1 1
26	1 1 8 3 6 9 8 1 1 1 1 1
27	1 1 1 2 2 5 9 1 1 1 1 1
28	1 1 2 1 3 8 2 1 1 1 1
29	1 1 5 5 6 1 1 1 1 1
30	1 1 1 4 6 2 1 1 1 1
31	1 1 3 3 10 1 1 1 1
32	1 1 3 2 3 4 1 1 1 1
33	1 1 1 3 2 1 1 1 1 1
34	1 1 1 1 2 1 1 1 1 1
35	1 1 1 1 2 4 1 1 1 1
36	1 1 1 1 4 1 1 1 1 1
37	1 1 1 1 6 7 2 1 1 1
38	1 1 1 1 9 8 2 2 1 1
39	1 1 1 1 11 7 1 4 1
40	1 1 1 1 2 8 7 1 3 4 1
41	1 1 1 1 1 8 9 3 1 2 1
42	1 1 2 1 1 3 7 8 2 1 1 1
43	1 1 2 1 1 2 1 6 8 2 1 1 1
44	1 1 2 1 1 1 1 7 9 1 1 1 1
45	2 1 2 1 1 2 3 3 6 1 1 1 1
46	2 1 5 1 1 4 3 1 2 1 1
47	2 7 1 2 4 2 1 4 1
48	2 3 3 1 3 2 1 4 1
49	2 1 3 1 1 1 1 1 2 1
50	2 1 3 1 5 1 1 1 1
51	2 1 4 1 6 2 1 1 1 1
52	1 1 3 7 2 2 1 1 1 1
53	1 1 1 3 2 1 1 1 1
54	1 3 2 3 3 1 1 1 1
55	1 7 4 4 1 1 1 1
56	1 2 4 6 1 1 1 1
57	1 1 11 1 1 1 1
58	1 1 2 14 1 1 1 1
59	1 5 6 12 5 1 1 1 1
60	1 3 5 24 1 1 1 1
61	1 2 1 1 11 9 4 3 1 1 1 1
62	1 1 1 1 9 11 8 2 5 1 1
63	1 1 1 1 7 13 11 2 1 1
64	1 1 19 26 5 1
65	1 1 3 2 28 2 1 1
66	1 1 2 3 29 3 1
67	1 1 2 34 2 1
68	1 1 2 15 2 2 1
69	1 3 4 1
70	3 3

C87 한 말씀만 해주시죠

난이도 ★★★★☆

70×70

Column clues (top to bottom)

Column	Clues
1	16 9 9
2	1 1 1 1 49
3	5 1 1 3 1 24
4	9 1 2 6 24
5	13 2 8 23
6	16 9 24
7	18 10 28
8	9 9 11 14 11
9	9 1 7 12 16 1 5
10	10 1 1 5 12 18
11	11 1 4 11 18
12	8 1 3 9 17
13	5 5 8 15 1 5
14	5 7 8 11 2 1 2 2
15	4 1 2 5 8 8 2 4 2
16	5 3 1 1 27 1 1 1
17	8 4 7 5 1 1 2 2
18	4 1 1 3 8 4 2 2 1 3
19	1 1 3 1 1 5 7 3 1 6
20	1 1 1 1 1 2 3 5 1 6
21	1 1 1 1 2 1 4 1 6
22	1 1 1 1 4 1 2 1 6 1 7
23	1 1 1 1 5 4 2 8 7 2 7
24	1 1 1 1 6 4 1 10 13 8
25	1 1 1 1 6 7 11 6 2 8
26	1 1 1 1 6 6 13 5 2 8
27	1 1 1 1 6 5 9 8 2
28	8 1 8 4 5 5 6 1
29	7 4 8 2 7 7 2
30	6 2 10 9 4 1 2
31	6 2 2 2 14 7 1 3
32	4 3 5 1 12 7 1 3
33	4 3 1 2 2 6 2 3
34	3 1 3 1 3 9 8 11
35	4 1 3 1 3 7 3 7 7
36	4 3 1 1 2 7 1 10
37	4 1 2 2 2 12 2 1
38	5 3 5 1 13 1 1 3
39	5 3 2 2 2 15 2 4
40	7 2 20 4 5
41	6 3 18 14
42	10 1 16 16
43	7 1 9 11 23
44	1 1 1 1 21 1 2 3 6
45	1 1 1 1 18 6 1 3 6
46	1 1 1 1 16 6 2 2 6
47	1 1 1 1 15 6 1 2 6
48	1 1 1 1 3 7 6 5 2 6
49	1 1 1 1 8 2 5 4 4 1 6
50	1 1 1 1 6 1 2 1 6
51	1 1 1 1 6 2 1 2 6
52	1 1 1 1 2 1 2 1 6
53	1 1 1 1 3 1 4 3 1 1 6
54	8 1 15 7 4 1 1 6
55	12 17 5 2 1 1 11
56	5 3 3 11 6 4 1 1 5
57	5 5 13 17 1 1
58	4 1 1 13 6 12 4
59	4 1 12 7 9 1 2
60	5 1 8 7 8 2 2
61	5 3 1 8 7 14 1
62	6 3 1 7 8 15 2
63	6 2 7 9 15 2 6
64	8 2 7 9 1 17 2 5
65	11 11 10 2 13 2 2 2
66	8 3 6 10 3 13 2 1
67	8 4 17 5 11 2 1
68	13 15 7 8 3
69	11 13 21 4
70	7 22 18

Row clues (left to right)

Row	Clues
1	3 9 10
2	12 12 12
3	14 14 14
4	15 6 8 16
5	30 20 10
6	10 3 4 4 3 9
7	10 1 6 7 2 7
8	11 15 2 2 16 7
9	9 2 2 2 2 2 4 2 1 4
10	8 1 2 1 2 2 4 2 1 3
11	6 2 11 14 1 2 1 3
12	4 1 2 1 3 2 1 2 4
13	4 3 2 3 1 2 4
14	9 15 3 18 2 5
15	4 1 2 4 2 5
16	4 4 7 2 3
17	10 1 1 8 3
18	1 3 2 5 5 5 4
19	2 4 2 9 9 6 6
20	2 8 7 5 7 1 6 7
21	1 8 8 2 8 1 17
22	2 4 2 10 5 9 1 17
23	1 2 2 12 16 12 4
24	1 2 9 12 12 4
25	1 5 1 3 4 14 11 5
26	1 7 1 3 2 9 15 6
27	2 8 1 8 3 9 3 10 7
28	2 8 1 4 7 2 5 4 2 3 4 8
29	2 9 4 8 2 5 4 4 9
30	2 15 7 3 5 5 17
31	2 16 2 4 6 6 17
32	2 15 3 5 6 8 15 1
33	2 18 1 5 6 5 17 2
34	2 14 3 5 5 6 12 3
35	2 12 6 5 5 6 9 4
36	2 8 6 5 2 4 4 2 1 5 5
37	2 5 1 7 4 2 4 3 1 2 7
38	2 1 7 3 2 3 4 1 7 6
39	2 8 7 2 3 5 2 10 4
40	2 12 7 5 2 4 5 13 3
41	2 15 6 8 5 4 15 2
42	2 17 6 14 4 18
43	19 5 5 1 9 3 13
44	1 14 2 1 3 6 3 3 5 2 13
45	15 1 2 2 1 3 2 2 2 1 2 13
46	15 1 3 1 2 1 2 1 2 2 9
47	13 1 2 7 2 3 2 1 1 9
48	13 1 1 7 2 6 1 1 1 9
49	14 1 1 7 11 3 2 9
50	13 1 12 9 2 2 8 1
51	15 2 5 1 6 2 1 8 1
52	15 1 1 2 1 1 1 2 5 1
53	13 2 1 1 1 1 2 5 1 2
54	7 4 4 1 2 2 2 3 1 2 1
55	7 6 3 3 2 7 5 1
56	11 4 3 2 1 3 6 2 1
57	8 2 7 1 1 1 1 2 2 1
58	7 2 2 1 1 2 1 1
59	8 1 1 1 1 2 6
60	8 1 2 2 1 2 1 2 2
61	8 1 2 3 1 4 1 2 2
62	9 2 3 1 1 1 5 1 2
63	9 2 4 1 1 1 1 1 1
64	4 3 3 5 3 1 1 1 1
65	4 2 10 3 13 1 1
66	3 2 8 3 14 2 1
67	3 1 8 3 14 1 1
68	3 9 3 14 1 1
69	2 10 3 14 2 1
70	2 10 3 14 2 1

C88 지구를 더욱더 푸르게 만들어요

70×70

1. 13 23 15 7 6
2. 4 10 5 2 15 12 5
3. 15 3 1 6 28 6
4. 10 2 1 2 4 28 7
5. 3 2 3 3 5 15 3 2 2
6. 7 4 5 4 3 17 3 2 1 2
7. 11 3 4 5 2 5 9 1 1 2
8. 13 5 3 3 6 9 1 3
9. 14 5 2 5 2 11 5
10. 6 4 6 1 4 4 7 6 7
11. 4 3 7 3 5 9 7
12. 2 1 2 2 2 6 7 3 1 2 5 7
13. 4 2 2 2 2 4 5 2 6 1 1 2
14. 5 1 1 4 4 3 8 9
15. 2 2 3 4 9 3 1 5 3 2
16. 4 2 5 1 4 3 6 2 2
17. 3 7 3 6 3 2 4 1 1
18. 2 2 6 2 2 2 6 14
19. 1 1 2 8 4 5 2 18
20. 2 1 6 3 7 4 5 2 2 2
21. 1 7 1 6 5 4 4 3 20
22. 1 2 1 14 3 3 3 4 1 2 2 1 2
23. 1 1 1 10 2 3 2 5 1 2 2 1 2
24. 2 1 1 7 8 5 2 6 1 2 2
25. 3 12 10 14 2 3 5
26. 1 4 7 1 6 5 6 2 2 7
27. 1 4 4 4 4 4 2 3 3
28. 1 1 7 3 3 7 5
29. 1 1 7 2 3 7 2 1 2 2 2
30. 4 2 7 2 3 4 4 3 4 1 2
31. 11 8 3 4 4 2 1 1 1 1
32. 11 7 3 6 3 1 2 4 1
33. 11 6 2 2 2 1 1 1 1 2 2 1
34. 6 4 8 4 1 6 1 1 1 1 1 2 1
35. 6 4 3 3 3 7 2 1 1 1 2 4 1
36. 5 5 2 5 9 2 1 1 1 2 6
37. 5 5 1 7 5 4 1 1 1 8
38. 5 5 1 6 4 7 1 1 8
39. 25 4 4 7 1 1 9
40. 2 3 6 8 3 4 8 1 1 2 7
41. 1 2 2 2 1 1 8 3 8 7 3 6
42. 1 9 1 1 1 8 3 4 2 2 1 4
43. 7 4 1 1 10 2 5 1 1 1 1
44. 3 2 3 2 9 2 6 2 1 13
45. 2 2 2 2 4 1 7 4 12
46. 2 7 3 7 5 1 1
47. 2 4 2 3 5 2 1 1
48. 1 2 2 3 6 3 2 1
49. 2 1 2 1 1 5 2 1 1 1
50. 2 1 2 2 2 4 3 1 1 2
51. 1 1 2 1 1 4 3 1 1 2
52. 2 1 4 2 3 2 1 2 1
53. 2 2 3 2 3 3 2 1 2
54. 1 1 2 2 3 7 1 2 1
55. 1 2 2 2 3 2 2 3 1 1 1
56. 1 7 2 3 3 1 2 2 1 2 1
57. 15 5 3 3 1 3 2 1 3 2
58. 15 2 1 1 3 1 2 3 1 2 7
59. 16 2 4 5 1 2 2 6 7
60. 14 3 1 11 1 2 6 6
61. 12 7 11 1 2 6 6
62. 11 4 3 14 2 6 6
63. 8 4 8 9 2 7 6
64. 7 2 3 16 6 9 6
65. 13 8 15 8 4
66. 7 3 48
67. 5 2 10 44
68. 11 21 10 6 11 3
69. 20 48
70. 8 33 17 9

C89 협동해서 탑을 만들어요

난이도 ★★★★☆

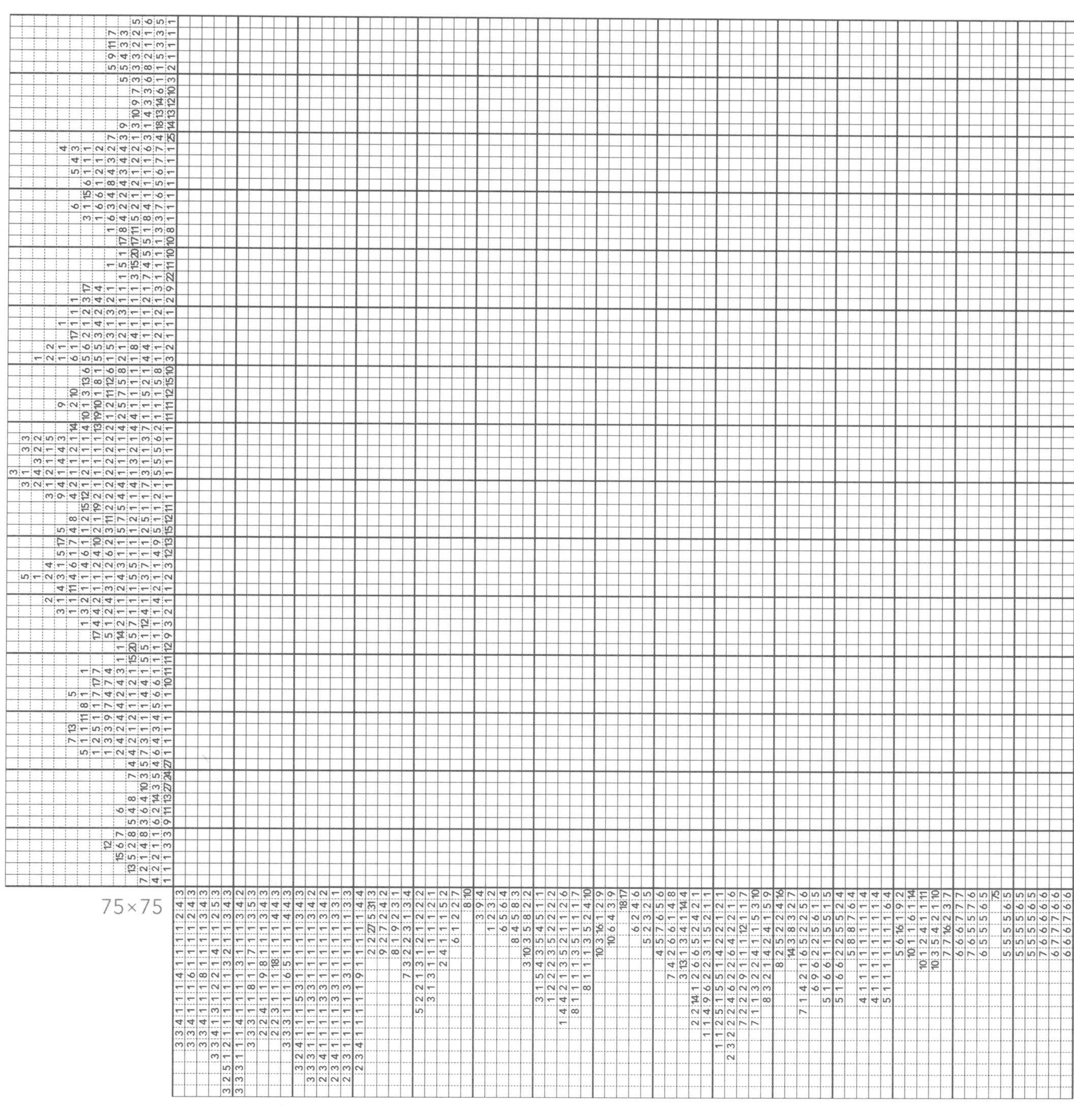

75×75

75×75

C91 아빠의 목소리가 좋아요

난이도 ★★★★☆

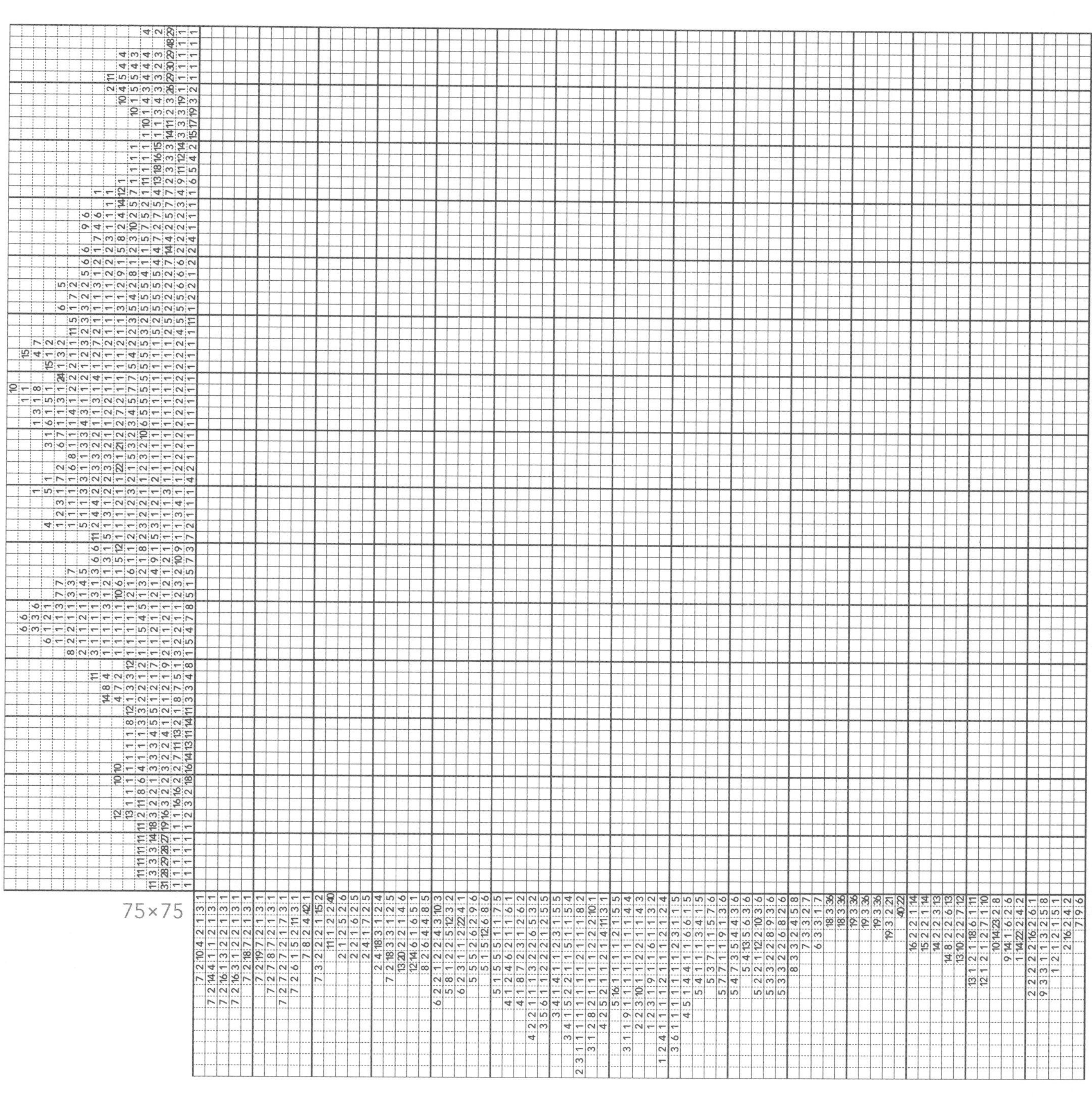

75×75

C92 우리말로는 '관현악단'이에요

75×75

C93 백악기 시대 최상위 포식자였어요

난이도 ★★★★☆

75×75

C94 비폭력 만세 운동이에요

난이도 ★★★★☆

75×75

C95 자비를 베풀어요

난이도 ★★★★☆ (4.5 / 5)

70×80

세로 (열) 힌트

1. 26 2 22 13
2. 25 1 6 8 4 5 6
3. 24 2 3 4 6 2 2 2 5
4. 24 2 2 3 4 4 2 2 2 5
5. 24 1 1 1 2 2 6 3 2 1 3 4
6. 24 1 2 1 2 2 3 3 2 6 4
7. 25 1 1 2 1 2 2 2 3 2 3 2 2 3
8. 25 1 2 2 2 1 1 2 2 4 3 2 5 3
9. 24 2 4 1 1 1 3 2 6 5 8 2
10. 24 2 3 2 2 1 1 2 14 3 3 2
11. 24 1 2 2 2 2 2 14 1 3 2 2
12. 25 2 2 4 4 3 15 4 1 2
13. 26 5 2 2 2 4 4 6 1 4 4
14. 29 2 2 3 4 2 1 4 2 8
15. 29 5 5 7 2 4 2 3 2 3
16. 29 3 11 1 2 2 2 6 2 2
17. 12 9 4 11 2 1 1 2 2 1 4 1
18. 9 10 12 3 4 2 1 3 4 4 1
19. 7 15 7 2 4 1 4 2 5 2 3 1
20. 6 6 5 3 5 4 2 2 1 3 3 2 1
21. 5 4 1 5 2 3 2 1 1 1 3 5 1 1
22. 4 3 3 2 2 2 3 3 1 2 1 1 3 7 1
23. 3 2 8 1 7 5 4 2 1 1 1 2 1 2 1 1
24. 2 2 4 5 2 7 3 6 1 1 1 1 3 2 3 1
25. 2 2 2 4 2 4 12 1 1 1 6 4 1
26. 1 3 10 3 1 4 3 4 10 2 1 5 4 1
27. 1 2 4 3 4 2 2 4 4 2 2 2 3 1
28. 2 3 8 3 2 1 7 2 3 2 4 2 2 1
29. 2 2 7 7 2 3 1 2 1 1 5 1 3 5 1 1
30. 3 2 13 2 1 6 3 1 2 2 4 2 7 1
31. 2 3 7 4 10 2 1 1 1 4 3 3 2 1 1
32. 2 2 5 1 1 4 5 4 1 2 4 3 4 1 2 3 1
33. 2 1 2 3 1 1 1 2 9 1 1 1 1 1 2 2 2 2 4 4 1
34. 2 1 2 3 1 1 1 2 6 2 5 7 2 1 1 4 5 1
35. 2 1 1 5 7 1 3 1 4 7 1 2 2 1 4 5 1
36. 2 1 1 1 2 3 1 6 6 12 1 2 1 2 4 4 1
37. 2 1 1 5 3 1 6 3 12 1 2 1 2 1 2 3 1
38. 2 1 2 3 1 1 1 1 3 6 11 1 2 1 4 2 1 1
39. 2 1 2 3 1 1 2 6 1 3 2 3 2 2 1 3 7 1
40. 2 2 5 1 1 2 2 2 2 4 1 2 1 2 1 3 7 1
41. 2 3 4 1 5 6 1 1 3 1 1 1 2 2 4 3 1 1
42. 2 2 12 2 1 2 1 1 1 1 1 2 1 3 1 1 3 1
43. 2 2 7 10 1 2 1 1 2 1 2 2 2 5 3 1
44. 2 3 9 7 2 1 2 1 3 1 3 2 5 4 1
45. 1 2 3 2 5 2 1 2 1 2 2 3 3 5 4 1
46. 1 2 16 8 1 2 3 3 2 5 2 1 3 1
47. 1 3 10 7 5 6 3 6 3 1 1
48. 2 3 2 10 5 2 5 6 5 7 1
49. 3 3 2 4 1 1 1 8 1 1 4 5 1 1
50. 4 4 3 1 3 1 2 2 5 1 1 4 4 3 1
51. 5 5 7 4 3 2 1 1 4 1 1 2 1 1 4 1
52. 6 17 3 3 2 2 2 2 3 1 1 2 5 4 1
53. 7 11 7 4 1 1 1 4 2 1 2 4 5 1
54. 10 11 2 2 2 2 4 1 2 4 3 3
55. 35 6 1 1 2 2 2 2 1 2 4
56. 37 10 2 1 2 2 6 9
57. 26 2 17 2 4 5 5 1 2
58. 24 4 10 6 6 4 2 2
59. 23 4 2 8 2 4 7 2 3 2
60. 23 7 2 7 2 19 3 3
61. 25 2 1 6 1 3 13 4 3
62. 25 1 1 6 1 2 7 2 2 4
63. 24 2 1 1 7 2 1 2 6 2 2 4
64. 23 2 1 2 7 2 1 3 5 2 1 2 3
65. 23 2 2 2 7 1 1 2 4 3 1 1 3
66. 23 5 2 6 1 2 2 3 2 1 2 3
67. 23 3 2 5 1 3 4 2 2 2 4
68. 24 2 4 2 4 4 7
69. 25 2 5 3 2 6 8
70. 29 2 6 16 9

가로 (행) 힌트

1. 27 13 26
2. 25 17 23
3. 23 5 5 22
4. 22 3 9 4 21
5. 21 3 2 2 3 20
6. 20 3 1 5 1 3 19
7. 19 3 2 2 2 2 3 18
8. 18 3 2 2 3 2 2 3 17
9. 18 2 2 2 1 1 1 2 3 17
10. 17 3 1 6 5 1 2 17
11. 17 2 2 13 2 3 16
12. 17 2 1 15 1 2 16
13. 16 3 1 3 3 2 2 16
14. 16 2 2 3 3 1 2 16
15. 16 2 1 8 7 1 2 16
16. 16 2 1 1 3 1 3 1 2 16
17. 16 2 3 1 3 4 3 3 1 2 16
18. 16 2 3 1 3 1 3 1 2 16
19. 16 2 3 1 1 1 3 1 1 1 2 16
20. 16 2 2 1 1 2 5 1 1 1 2 16
21. 16 2 3 1 1 2 3 2 1 2 3 16
22. 16 3 3 1 5 5 2 2 16
23. 17 2 2 2 1 4 3 1 3 2 17
24. 17 3 2 1 1 1 6 3 4 3 5 3 3
25. 2 2 7 2 4 4 3 6 5 3 2
26. 1 6 5 1 3 1 2 9 2 1
27. 6 6 2 2 2 2 4 2 6 2 3 1
28. 2 2 8 1 9 4 2 3 5 2 5 1
29. 3 3 7 4 11 2 2 4 2 1 2 1
30. 1 4 2 4 2 1 4 6 1 2 2 2 4 1 2
31. 3 3 2 3 2 2 6 2 1 1 2 1 1 6 2 2
32. 2 2 3 2 1 2 1 2 2 2 3 1 1 1 5 5
33. 1 4 1 1 2 1 2 1 2 2 2 2 2 1 2 3 1
34. 3 2 2 1 1 2 1 2 1 2 1 2 1 2 2 1
35. 1 3 1 2 2 2 1 5 2 2 2 4
36. 2 4 2 2 4 1 1 3 7 1 2 6 4
37. 1 4 2 2 5 1 1 3 11 3 3
38. 1 2 2 2 3 9 3 2 6 4 2
39. 2 2 3 2 3 5 3 1 1 3 3 1 11
40. 15 4 3 2 2 2 1 5 16
41. 5 4 2 1 2 10 6 3 16
42. 4 4 2 1 1 2 2 3 1 3 16
43. 4 5 3 1 2 16 6 16
44. 2 2 2 2 2 1 2 1 3 2 4 10 2
45. 1 2 2 2 1 2 2 3 3 5 4 4 2 1
46. 1 1 2 2 2 1 2 8 3 2 3 3
47. 1 1 2 2 3 1 1 2 1 3 5 3 2 5
48. 1 1 3 5 1 4 1 5 2 3 4 5 2
49. 1 2 5 2 4 1 13 3 2 2 1 2
50. 1 4 6 1 2 2 6 3 3 3 2
51. 2 11 1 2 1 1 7 3 5 5 1
52. 3 4 2 2 4 11 3 3 2 2 1
53. 3 2 1 6 3 6 7 2 1 2 1 2
54. 4 2 2 2 4 2 3 6 20 5 2
55. 11 1 7 2 2 4 10 4 3 1
56. 15 5 1 5 1 5 2 1
57. 13 5 1 1 2 1 2 1 2 4 2 2
58. 2 5 5 1 1 1 2 2 2 2 4 4 4
59. 4 2 1 1 2 1 8 1 2 1 1 11
60. 3 3 1 2 1 1 2 6 2 1 2 1 11
61. 6 3 1 8 1 1 1 7 2 11
62. 2 1 3 2 1 1 2 2 2 2 6 2
63. 1 5 4 2 2 3 3 10 6 1
64. 2 6 10 2 7 2 5 1
65. 2 10 5 5 9 3
66. 16 5 7 20 5
67. 9 7 3 2 8 7 6 2 1
68. 2 1 3 5 1 5 6 4 7 1
69. 2 2 3 1 3 4 3 4 2 4 2 8 8 2
70. 6 12 6 1 4 1 1 5 5 1 5
71. 7 2 4 1 4 6 5 2 3 2 1
72. 2 3 3 1 1 3 2 2 4 2 3 4 12 1
73. 1 2 4 7 4 2 2 2 3 10 5 4 2
74. 1 3 6 6 6 2 7 4 2 3 2 7
75. 2 4 4 2 3 2 4 4 4 3 2 4 2 3 5
76. 4 4 1 4 1 4 2 6 2 5 1 5 1 3 3
77. 6 5 5 1 5 1 6 2 5 1 4 5 2 4
78. 8 3 29 10 11
79. 16 17
80. 70

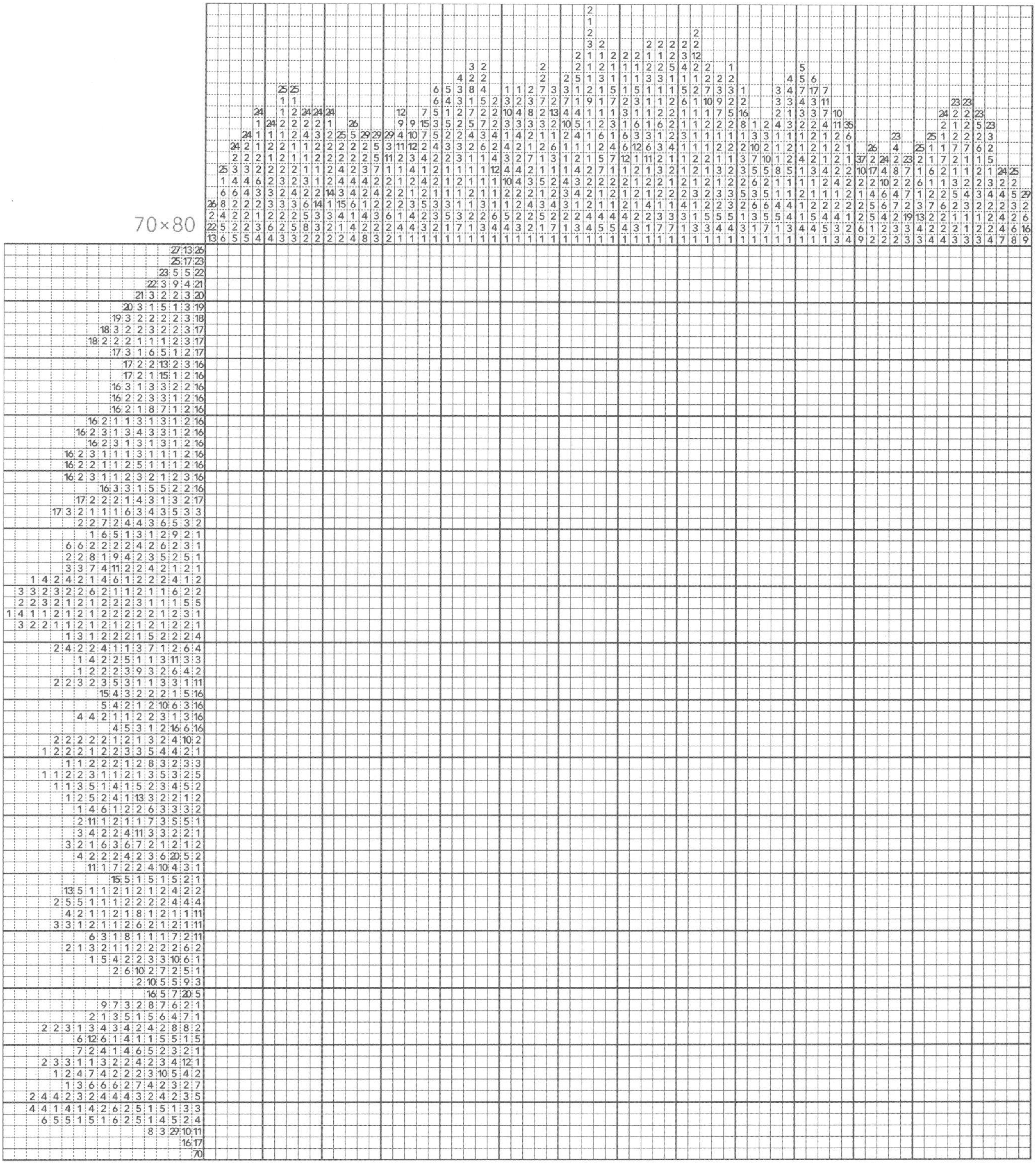

C96 굿을 해요

난이도 ★★★★☆

70×80

4 5 4 14 6 25
9 5 5 15 2 7
9 4 2 20 2 6
8 4 1 20 2 2 2 4 6
7 5 1 8 9 2 2 2 2 2 5
6 4 2 2 15 2 1 1 1 1 2 5
5 3 2 1 17 2 2 2 2 2 4
5 5 1 1 17 13 4
5 3 2 2 2 2 6 5 2 2 2 2 2 3
5 3 2 4 15 1 1 1 1 2 3
5 3 2 2 2 15 2 2 2 2 2 2
4 6 3 2 13 13 3 2
4 3 6 4 3 2 2 2 2 7 1
4 3 3 4 4 5 1 1 1 1 4 1 2 1
4 7 2 7 4 3 2 2 2 6 1 7
4 3 4 4 2 3 2 2 7 2 1 5
4 3 2 6 2 5 2 1 1 1 5
4 10 5 2 3 2 1 1 2 2 6
4 4 3 3 3 2 4 2 3 3 2 4 2 5
5 2 2 2 5 1 2 6 4 6 1 6 6
5 3 3 5 3 8 1 2 2 3 2 6 6
1 3 5 2 2 11 1 2 2 3 2 6 2 5
6 3 2 2 6 1 1 2 2 2 8 2 4
6 6 2 2 1 1 2 2 2 9 3 3
7 4 5 7 2 1 2 2 1 9 1 5
7 6 3 10 1 2 4 10 2 3
7 4 4 1 8 1 2 3 12 3
2 3 3 4 5 4 1 4 13 2
3 4 1 9 1 3 1 1 19 2
13 5 1 5 1 5 20 1
4 7 10 11 23 2
3 6 1 2 2 3 4 34 2
3 7 3 2 2 13 23 1
3 5 1 2 4 4 1 1 5 24 2
2 7 3 2 2 5 4 25 1
8 1 2 1 1 1 1 1 5 26 1
7 2 2 1 1 4 6 26 2
3 2 3 2 2 1 6 27 1
7 1 4 1 3 9 27 1
6 5 3 11 27 1 2
3 1 3 7 14 26 2 3
6 2 5 1 1 16 24 1 3
6 1 27 20 1 4
6 1 5 15 15 3 2
6 1 5 3 8 4 6 1 2
6 1 4 5 4 2 2 3 6 1 2
6 1 3 7 2 11 3 1 2
6 5 7 2 5 1 3 2 1 3
2 4 3 8 4 3 5 2 2 3
8 9 1 1 6 1 4
20 1 2 6 3 3
20 9 1 6 4 1
19 12 4 10 1
14 4 13 4 11 1
2 12 1 8 1 3 8 2
1 3 10 2 5 9 4 6 1
2 2 8 6 2 4 10 2 2
1 3 6 3 4 3 1 12 3 1
3 2 2 4 7 2 2 4 13 1 1
4 2 1 2 5 1 2 9 9 2 2
1 1 11 5 3 1 9 2 2
4 2 2 2 4 3 3 3 10 1 4
2 6 4 2 6 2 3 3 9 2 7
1 2 4 1 3 2 4 3 1 1 1 8 5 6
2 2 2 1 2 15 7 1 1 9 2 6
6 3 1 1 15 7 1 1 7 1 2 7
1 4 10 8 2 2 3 3 8 3 8
2 2 1 5 2 11 1 3 1 9
6 11 2 2 3 3 3 2 9
3 8 2 1 1 1 2 1 10

6 29 2 16 10
21 14 2 15 4 2 2 2
27 6 1 2 8 5 2 4 1 2
27 2 3 2 13 1 1 2 2 3
10 9 1 6 2 13 2 1 8
7 8 6 8 2 13 4 3 2 1
5 15 13 2 7 1 4 3
4 19 10 1 7 7 2 1 2 2
3 8 1 2 5 7 6 2 7 8
1 5 1 1 1 5 5 3 7 8 2 4
4 2 2 1 1 2 4 2 2 12 9 1 2 1
4 2 1 2 1 1 5 3 14 10 1 1 3
6 2 2 1 1 2 2 5 14 11 1 2 1
3 2 10 2 3 5 2 4 13 1 1 3
2 3 8 2 2 5 4 7 4 2 2 1
3 5 3 2 5 4 1 1 12 3 1 2
4 2 4 15 2 3 11 2 2 5
2 5 7 3 10 1 1 11 2 2 5
4 13 7 1 3 10 4 7
6 10 1 2 2 1 1 8 2 3 3 3
8 3 2 1 4 3 4 4 4 2 3
11 1 1 1 1 3 1 7 3 1 9 2
1 10 2 2 4 3 16 1 8 2
8 3 1 1 1 1 4 1 6 1 3 2 7 2
12 1 4 7 9 1 3 1 5 2
12 2 2 2 4 6 2 6 2 4 1 1 3 2
12 3 7 6 3 7 1 4 2 2 3 2
4 7 3 2 6 1 5 9 1 4 4 3 1
12 2 2 3 3 3 1 3 7 1 5 2 4
12 1 1 3 3 5 7 1 2 5 2 3
8 3 1 2 4 4 4 8 2 1 5 2 2
11 2 1 4 4 5 9 5 7
13 3 4 20 1 6 1
13 3 4 3 16 1 3
5 7 7 3 18 1 1 6
11 8 6 7 1 1 6
8 2 1 5 2
4 1 1 1 1 2
1 2 1 1 2
1 15 1 1 2
20 1 1 5 2
3 3 3 10 16 3 1 1 2 3
2 3 3 2 2 16 4 1 1 1 1
1 1 1 1 28 4 9 3
11 27 4 5 8
2 3 3 2 1 17 1 5 3 2 3
1 1 1 1 26 1 4 3 1 1
11 9 16 1 4 3 2 3
2 3 3 2 1 2 16 2 6 8
1 1 1 1 7 17 1 6 2 3
12 6 18 2 7 1
2 3 3 2 4 18 2 8 3
1 1 1 5 19 4 11 2
16 21 3 13
16 22 3 10
1 3 23 2 12
1 2 3 21 1 10
1 2 4 22 2 9
1 5 23 2 7
1 2 24 2 3
1 25 3 3
1 26 3 2
1 4 12 4 2
1 2 8 3 2
1 2 6 3 2
1 2 3 4 2
1 4 5 4
1 2 3 1 2 1
1 5 5 3 2
1 10 4 1
1 7 2 6 9
1 8 3 4 10
23 2 4 11
12 9 5 4 9
10 6 9 3 8
8 3 1 7 7
6 2 2 5
4 4 4 4
2 11 3
9 1

C97 썩지 않은 줄이에요

난이도 ★★★★☆

70×80

Column clues (top to bottom, left to right)

1. 8 38 7 5 10
2. 23 6 22 3 6 11
3. 15 13 20 2 1 3 1 11
4. 2 11 10 1 1 20 1 2 2 2 11
5. 6 8 10 1 2 7 12 1 1 2 5 10
6. 6 19 2 2 6 12 1 1 2 2 2 9
7. 4 17 3 3 10 1 1 3 2 7
8. 6 18 5 11 3 1 2 5
9. 6 18 5 11 3 2 1 5
10. 16 9 2 16 4 1 1 6
11. 26 2 13 3 4 6 1 7
12. 27 1 16 4 2 2 2 8
13. 29 2 16 3 1 2 1 8
14. 9 11 7 13 4 2 2 2 8
15. 2 12 12 9 9 1 2 1 7
16. 2 12 12 8 11 2 1 2 5
17. 8 10 2 4 11 1 1 1 2
18. 2 12 13 7 12 2 2 1 1
19. 2 12 24 8 4 1 1
20. 39 10 3 2 2 1 3
21. 7 16 6 6 3 1 2 1 3 4
22. 6 12 3 4 1 3 1 1 2
23. 7 10 6 2 1 2 3 1 2
24. 17 4 2 1 1 2 4 1 2
25. 15 3 2 8 1 2
26. 14 2 2 1 6 1 5
27. 13 3 2 4 4 1 1 3
28. 9 2 6 2 10 3 2
29. 11 5 2 2 8 2
30. 4 6 1 2 3 3 2
31. 10 4 4 2 4 3
32. 9 4 1 5 2 4 2
33. 7 4 1 6 3 5 1
34. 2 2 8 1 9 4 6
35. 5 4 10 14 4 5
36. 10 7 11 1 2 12 6 5
37. 8 2 9 1 6 4 7 5 6 4
38. 6 7 3 7 3 6 6 6 3
39. 2 1 2 4 2 10 1 6 9 4 3
40. 3 2 2 4 3 7 1 17 3 3
41. 4 3 4 2 4 2 1 17 3 3
42. 6 2 4 3 7 2 8 5 3 3
43. 7 7 2 3 7 16 3 3
44. 6 6 2 4 2 1 15 4 3
45. 7 5 7 1 2 14 4 3 1
46. 7 7 2 5 2 3 15 3 3 2
47. 8 6 3 2 1 2 4 2 14 3 3 3
48. 8 3 3 1 4 1 2 3 13 3 3 3
49. 8 6 1 3 1 3 1 8 4 2 4 3
50. 4 4 3 1 2 2 1 1 7 2 2 3 3
51. 3 3 4 1 7 1 1 10 2 3 4 3
52. 4 4 3 2 1 1 13 2 4 3
53. 6 3 4 1 2 1 1 13 2 5 3
54. 11 3 1 2 2 17 2 5 3
55. 11 3 1 3 1 3 7 6 3 5 1
56. 12 3 3 1 5 5 2 6
57. 10 5 1 3 7 1 5 3 7
58. 2 4 5 1 1 2 7 2 5 3 6
59. 6 8 1 2 3 6 1 5 4 4
60. 5 2 2 3 1 1 2 4 2 7 5 1
61. 5 1 2 6 2 2 1 3 11 7
62. 5 5 9 1 1 2 4 11 8
63. 6 3 5 9 2 2 4 10 6
64. 2 4 6 10 6 6 4 7 4
65. 2 11 8 8 8 3 13 3
66. 2 13 11 17 2 2 15 2
67. 4 6 8 3 14 2 1 2 8 7 2
68. 2 5 26 10 1 2 7 6 3
69. 2 6 26 9 2 9 7 3
70. 2 18 15 11 21 4

Row clues (left to right, top to bottom)

1. 16 15 4 5 22 3
2. 16 15 4 28 3
3. 3 10 14 4 18 5
4. 16 16 4 10 15 3
5. 6 9 12 3 6 8 14 3
6. 6 26 3 1 9 8 8
7. 4 12 12 3 1 10 5 3 7
8. 6 13 11 3 1 11 2 2 6
9. 5 14 11 1 3 8 1 2 3 2
10. 13 13 3 2 2 2 5 1 2 2 1
11. 30 3 2 3 2 2 4 2
12. 28 1 7 6 8
13. 27 10 4 9
14. 16 9 12 4 10
15. 3 12 8 13 12 5
16. 2 9 5 5 7 7 5 5
17. 3 5 6 7 4 2 7 3 3
18. 16 6 3 2 2 5 4 5
19. 22 3 2 2 4 4 5
20. 22 2 2 3 9
21. 22 3 2 6 9
22. 13 7 2 3 2 3 7
23. 21 2 2 2 2 8
24. 1 19 7 3 6 8
25. 20 3 4 1 2 10
26. 7 11 4 4 1 1 4 3
27. 4 9 4 3 1 2 7
28. 3 8 3 2 1 2 5
29. 6 2 3 3 3 3 4
30. 2 2 2 7 2 3
31. 1 1 2 4 3 1 3
32. 1 4 3 2 1 2 2 2 4
33. 1 2 2 2 2 1 2 2 5
34. 2 1 1 4 2 2 2 6
35. 5 8 8 4 7
36. 6 11 4 5 1 8
37. 16 5 4 2 8 1
38. 22 4 2 3 4
39. 23 4 2 3 5 1
40. 6 12 1 4 3 3 8
41. 6 10 6 4 8 2 2 6
42. 4 7 10 3 1 2 5 5
43. 6 8 12 5 2 1 2 6
44. 6 7 9 2 1 2 1 2 2 3 7
45. 14 6 1 1 2 1 6 2 9
46. 13 7 2 2 1 3 13 3
47. 13 6 2 3 1 2 2 17
48. 12 6 2 2 1 2 23
49. 10 2 7 7 10 3 1
50. 13 4 2 2 1 4 14 1
51. 13 4 1 4 21 1
52. 11 6 2 22 4
53. 9 9 3 8 12 3 2 2
54. 7 7 7 21 2 2 1 1 1
55. 2 6 3 22 2 4 1
56. 10 3 6 17 2 2 1
57. 2 4 3 6 10 7 4 1
58. 1 5 3 9 10 13 2
59. 3 2 23 20
60. 2 1 5 40
61. 5 2 5 16 16
62. 3 3 3 8 5 7 6 6
63. 3 2 3 2 7 1 10 11
64. 2 2 1 2 3 2 1 5 9 10
65. 2 2 4 3 8 6 5 9
66. 5 3 3 3 4 5 10 5 2
67. 2 1 10 3 3 5 5 3 1
68. 2 4 2 2 3 3 4 4 2
69. 2 3 2 3 3 3 4 7
70. 3 2 3 1 4 3 3 4 3 6
71. 5 5 1 5 4 3 7 3 6
72. 6 1 2 3 9 9 3 5
73. 6 3 1 2 3 8 11 2 5
74. 7 5 7 2 2 5 4 5 3 3
75. 7 6 1 1 2 3 3 4 3
76. 16 1 3 1 3 3 4 3 3
77. 16 8 1 4 4 6 4 3 1
78. 16 6 1 11 8 3 4 3
79. 17 2 9 3 2 3 8
80. 18 2 6 3 2 3 6

C98 이 둘은 겨울에 어떻게 바뀔까요??

난이도 ★★★★☆

70×80

C99 낚싯대 없이 고기를 잡아요

난이도 ★★★★★

70×80

열	힌트
1	3 3 14 12 4 3 1 3 20 3
2	4 7 3 4 5 6 4 3 19 5 3
3	10 4 6 3 1 4 10 5 3
4	4 3 4 3 4 11 20 2 3
5	4 1 4 3 3 1 4 7 3 2 3
6	3 3 4 2 2 3 21 13 3 6
7	3 4 4 3 2 2 2 1 9 3 2 6
8	2 4 3 2 3 2 18 1 2 6
9	1 4 2 2 27 1 9
10	3 2 3 4 5 18 1 8
11	4 2 5 3 5 24 1 7
12	4 4 2 4 18 3 1 7
13	4 8 3 4 17 3 2 4
14	4 9 2 4 11 5 3 7
15	13 4 6 6 6 7
16	15 4 2 7 3 1 5 8
17	7 9 4 1 1 3 6 1 7 8
18	8 6 4 1 1 6 5 7 8
19	9 5 4 1 2 10 6 3 3
20	8 3 4 3 8 3 7 3
21	9 2 1 1 4 6 8 3 4 1
22	9 2 3 4 11 3 2 4 2
23	8 3 4 16 1 3 2
24	8 2 4 6 21 3 1
25	6 4 6 5 3 16 3 2 1
26	6 2 5 2 2 15 2 1 5 1
27	7 7 6 4 15 1 2 2 3
28	15 2 2 5 11 1 3 2 1 1
29	14 2 2 6 2 12 1 6 1 2
30	7 3 2 2 5 6 1 1 9 3 3
31	2 6 1 4 5 8 2 2 6 7
32	2 2 5 7 3 2 1 1 7 7
33	3 2 8 14 3 7 7
34	4 3 12 3 3 1 1 4 8
35	4 3 3 4 15 6 3 4
36	3 5 2 8 5 1 3 4 3 4
37	2 6 2 10 8 3 2 1
38	1 6 11 7 6 9
39	4 5 2 13 6 9
40	3 6 9 7 2 7 4 9
41	4 5 9 4 2 2 11 13
42	4 4 3 5 4 2 9 5 5 4
43	4 2 3 5 13 11 4 3
44	3 4 2 7 6 8 9 1 2
45	4 7 4 9 1 8 3
46	2 3 6 2 8 3 1 2 3 3 3 1
47	2 2 8 2 4 6 1 4 5 2 1
48	2 7 8 9 2 1 1 5 8 1
49	1 5 18 1 1 2 5 8 2
50	1 3 3 15 2 2 2 6 8 2
51	4 4 2 1 12 1 1 5 5 9 1
52	4 3 1 1 11 1 6 5 9
53	4 3 3 1 11 15 4 8 2
54	4 4 2 1 11 14 2 3 4 7
55	2 4 2 1 1 12 1 9 2 12
56	1 3 4 15 1 1 2 1 10
57	5 4 16 1 1 2 4 7
58	5 8 14 2 1 1 3 4 7
59	4 4 8 7 1 6 1 3 4 7
60	3 3 7 3 8 6 2 1 1 2 5 2 4
61	1 3 4 6 3 1 2 3 6 1 7 8 4
62	7 5 6 5 6 2 3 2 1 3 4 4
63	8 3 4 2 4 3 9 1 2 1 3 4 3
64	1 4 5 4 2 6 2 3 4 4 3
65	2 4 1 3 7 4 1 2 4 4 3
66	3 7 3 2 16 3 4 8 3
67	1 5 4 2 3 6 12 4 2 6 4
68	6 3 11 7 10 4 3 3 6 4
69	13 10 7 7 10 3 4 2 3 4
70	2 5 5 2 3 13 14 6 5

행	힌트
1	2 9 4 2 5 15 1
2	3 4 5 8 10 3 5 4 2 2 2
3	3 3 5 12 5 6 5 5 3 1 3
4	4 4 14 4 1 4 5 4 4 4
5	1 2 4 16 3 3 3 3 3 4 4
6	11 15 2 1 4 4
7	4 6 15 3 2 2 4
8	2 3 11 4 3 3 5 2
9	3 10 4 4 4 3 3
10	7 4 2 3 4 4 6 4 3
11	8 6 2 2 4 3 2 9 4 3
12	2 5 7 2 2 4 11 2 2
13	1 4 8 1 4 4 6 1
14	1 8 2 4 5 6
15	1 4 3 6 4 4 6 1 1 6
16	6 2 7 2 6 4 1 1 1 6 3
17	5 2 16 3 1 1 1 3 4
18	4 1 5 4 2 2 2 4 1 2 4
19	1 2 4 4 1 1 2 2 3
20	3 2 3 2 1 2 2 2
21	5 1 1 2 14 5
22	6 2 1 3 5 6 6
23	3 1 1 3 2 7 8 3
24	1 2 2 2 3 18 4
25	2 2 2 1 3 20 4
26	1 4 2 2 20 3
27	1 5 4 2 18
28	1 2 1 2 2 2 1 13 2
29	2 2 2 1 3 2 2 10 1
30	1 1 1 1 2 1 1 11 1
31	1 2 1 1 1 1 1 3 1 12 2 2
32	1 2 1 3 2 2 2 2 7 13 1 5
33	1 5 5 1 6 2 7 13 7
34	1 21 10 4 2 15 6
35	3 2 18 18 3 1 1 6
36	2 3 26 8 1 3 5
37	4 1 1 16 2 3 3 1 1 1 5
38	4 1 6 1 7 2 1 1 1 2 2
39	4 1 20 1 8 4 2 4 6
40	4 1 9 8 1 1 3 1 2 1 9
41	1 1 8 8 7 9 1 2 1 1 7
42	2 1 1 8 2 7 7 8 3 2 3 6
43	4 1 8 8 6 8 1 3 2 4 1 6
44	4 10 3 8 6 8 1 9 2 6
45	4 1 7 5 7 6 3 2 1 2 4 5
46	2 1 7 3 1 7 1 2 2 6 2 3 4 3 1
47	3 9 1 3 8 6 6 6 3 6 5
48	3 10 5 8 1 4 1 1 3 11 3 4
49	3 1 8 5 8 7 5 3 4 6 1 2
50	1 1 7 3 3 7 3 3 5 1 1 5 3 3 4
51	3 9 7 7 5 1 1 2 3 3 1 1 5 3
52	2 9 1 5 7 1 5 4 4 5 4 2 2
53	2 9 5 1 7 5 1 4 3 5 2 2 2
54	2 10 2 4 3 1 3 3 3 2 2 2 2 1 2
55	2 1 7 8 1 1 4 3 1 2 2 1 2 2
56	1 1 1 1 4 1 1 3 3 6 6 1 2
57	2 1 1 1 5 2 1 1 1 3 1 1 1
58	2 1 1 1 2 3 1 3 1 2 1 7 1
59	2 1 1 1 7 2 3 1 1 2 5 2 1 1 1 1
60	2 1 1 1 7 1 2 2 1 1 7 1 1 1 3
61	2 1 1 2 7 2 3 1 1 1 6 1 4 2
62	2 1 1 1 9 6 1 3 6 4 2 2
63	2 1 2 3 7 5 1 2 8 2 4 1
64	2 1 1 2 2 4 2 1 2 6 4 2
65	2 1 8 1 7 2 2 2 2 3
66	2 1 7 1 3 1 4
67	2 1 7 1 3 7
68	2 1 10 2 7 7
69	2 1 7 1 28
70	1 1 3 1 12 14
71	1 3 2 2 2 15 3 1
72	10 2 33
73	19 13 6 2 10
74	3 20 41
75	12 30 19
76	18 5 1 5 4 1 1 10 4
77	13 2 1 1 12 1 2 17
78	19 2 14 2 17
79	19 2 1 8 8 2 18
80	9 4 31 10 1

C100 뒤돌았을 때 움직이면 안 돼요

난이도 ★★★★★

80×70

C101 훈장님께 글을 배워요

난이도 ★★★★★

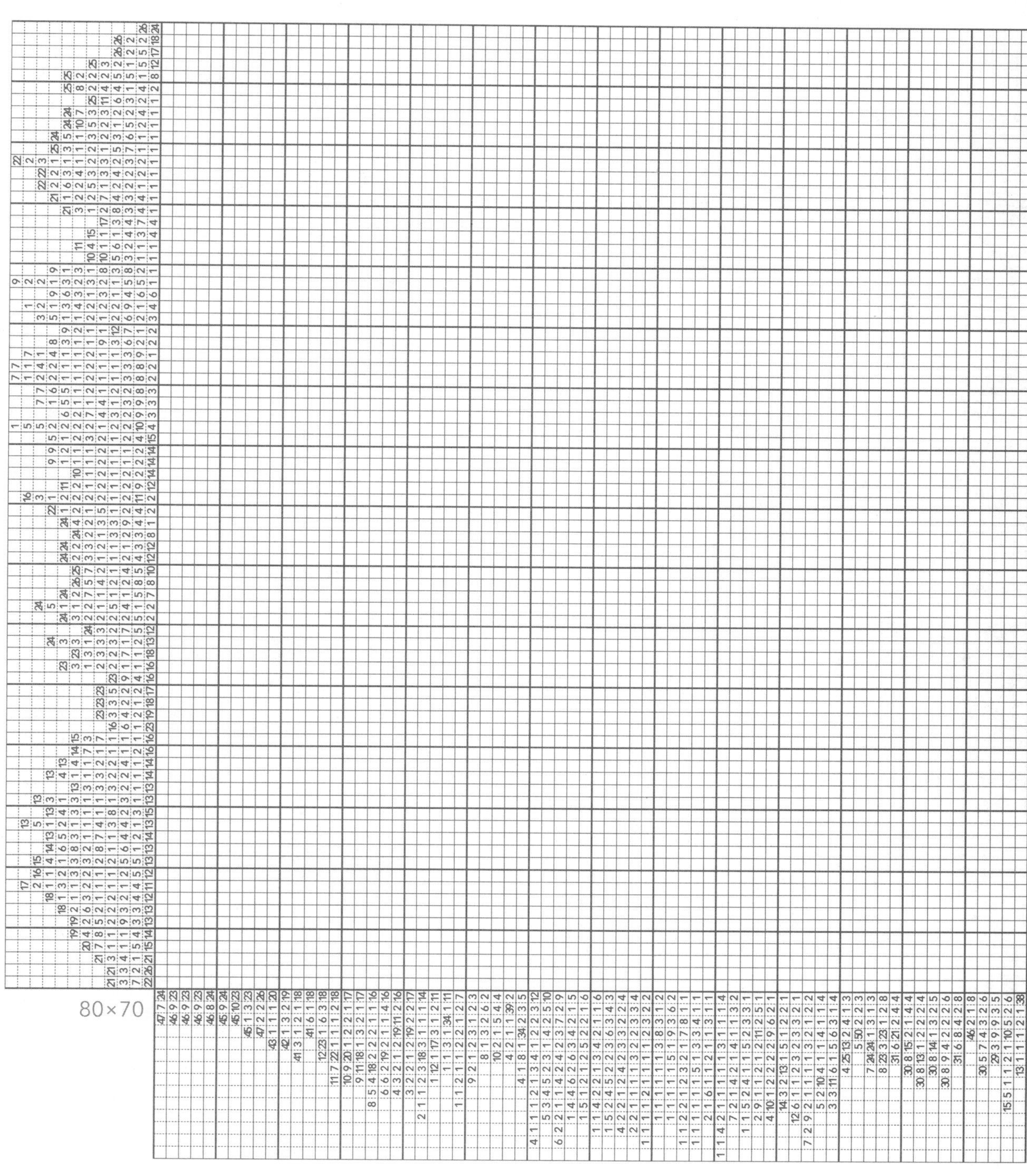

80×70

C102 육체와 정신을 두루 단련해요

난이도 

80×70

N E M O N E M O

L O G I C P L U S

A1 꽃게

A2 마스크

A3 진주

A4 행성

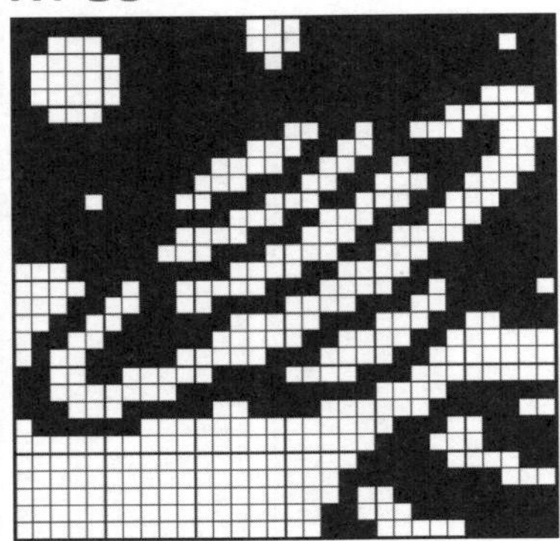

A5 햄스터

A6 오리너구리

A7 카우보이 돼지

A8 색소폰

A9 사신

A10 바톤 달리기

A11 물놀이

A12 윗몸일으키기

A13 딸기 초코케이크

A14 고양이

A15 손가락 하트

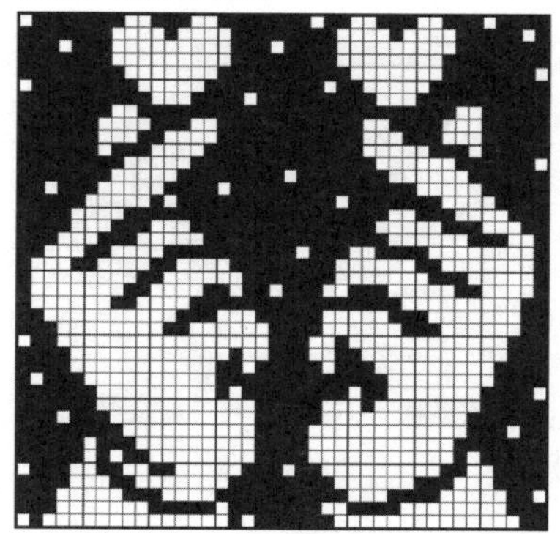

A16 우파루파

A17 프렌치 불도그

A18 식당 거리두기

A19 드럼

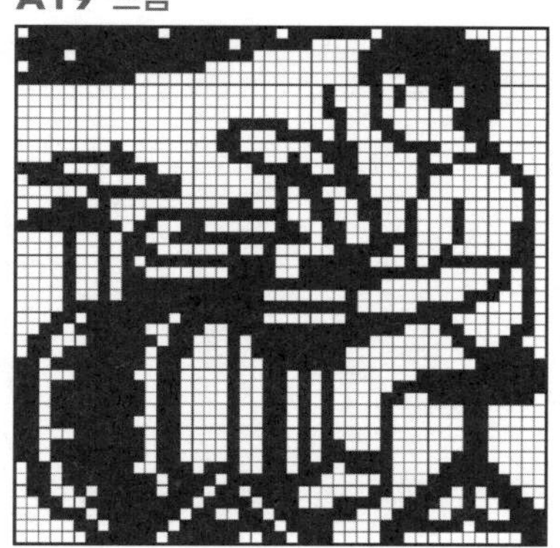

A20 도둑

A21 사마귀

A22 배구

A23 변비

A24 태교

A25 학

A26 팔씨름

A27 아코디언

A28 리코더

A29 작별 인사

A30 치타

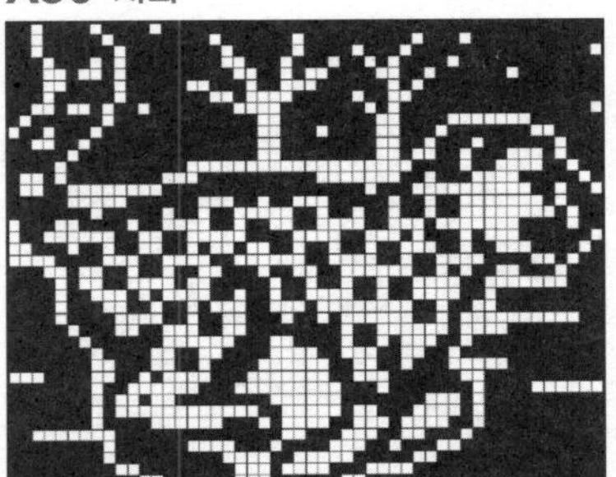

A31 피겨 스케이팅

A32 해바라기

B33 래퍼

B34 베타

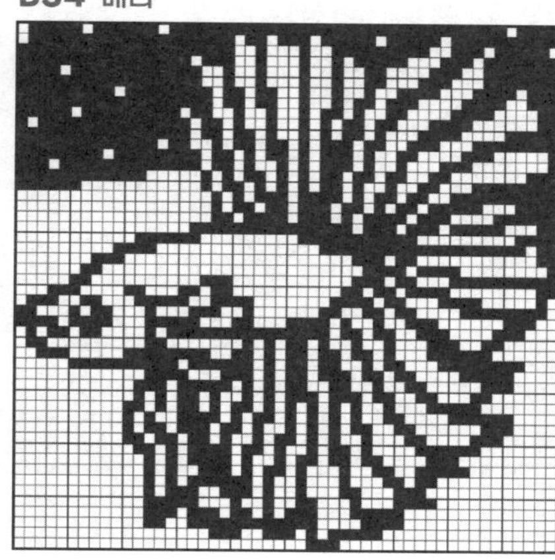

B35 곤충채집

B36 화재진압

B37 말춤

B38 피자

B39 장학퀴즈

B40 아기

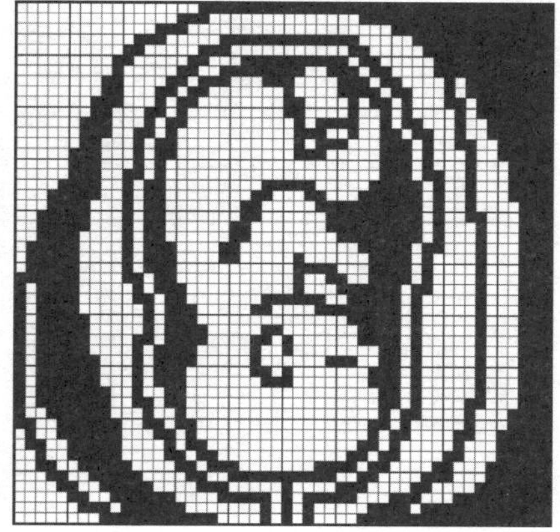

B41 우산 같이 쓰기

B42 쿠키 만들기

B43 피아노

B44 청진기

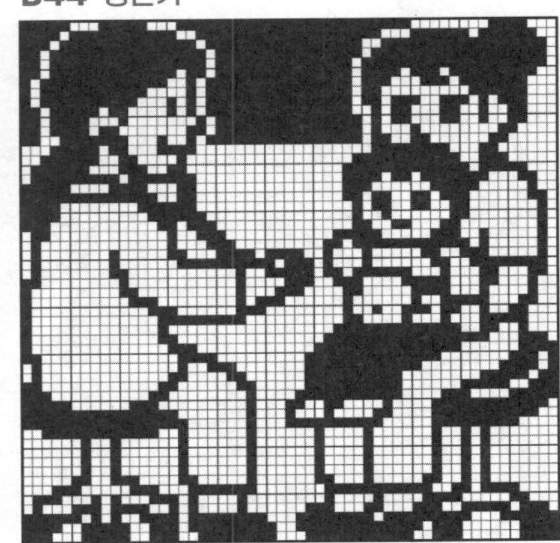

B45 입김

B46 턱걸이

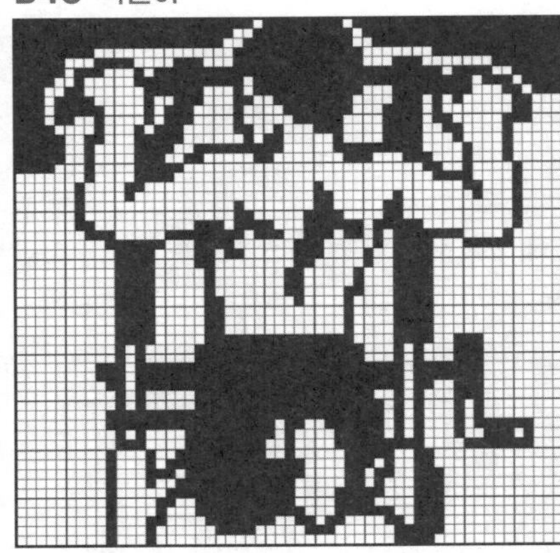

B47 루돌프

B48 서커스 사자

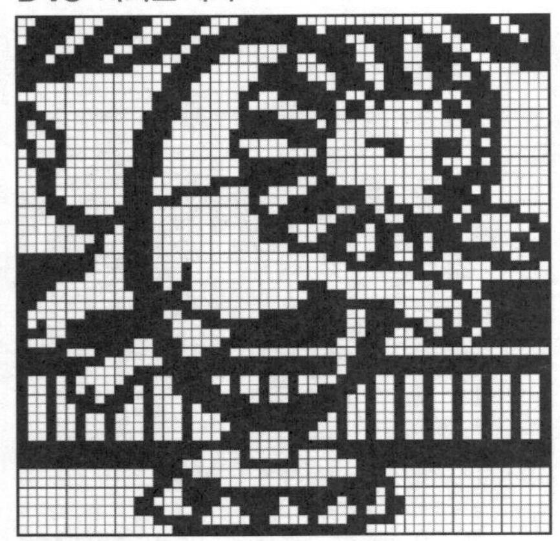

B49 길 안내

B50 마이클 잭슨

B51 장승

B52 송편

B53 사냥놀이

B54 플랜테리어

B55 손 그림자

B56 세안

B57 기상캐스터

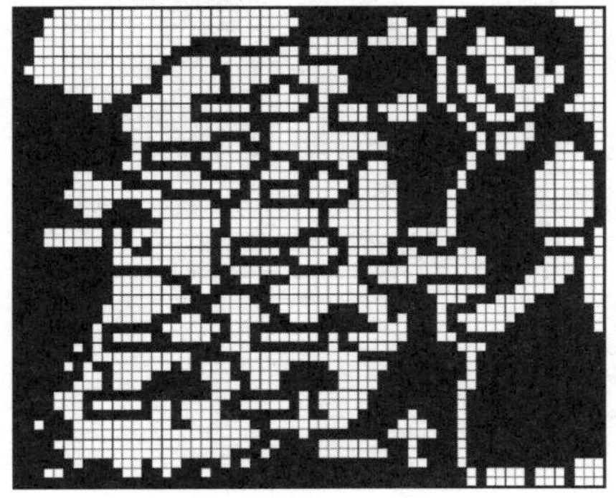

B58 건배

B59 영상통화

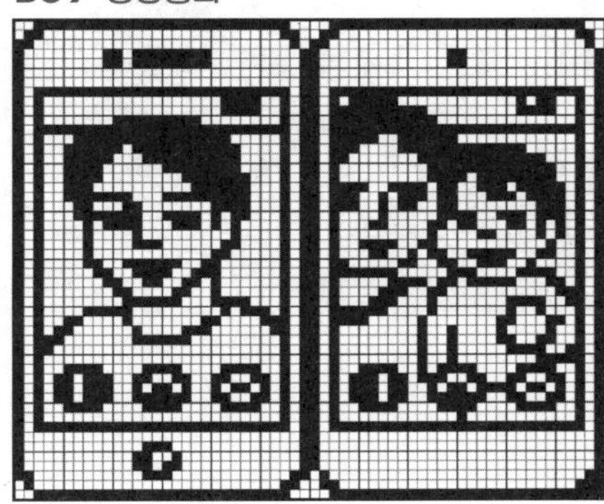

B60 프러포즈

B61 새치기

B62 패러글라이딩

B63 횡단보도

B64 북 치기

B65 초음파 검사

B66 원반 던지기

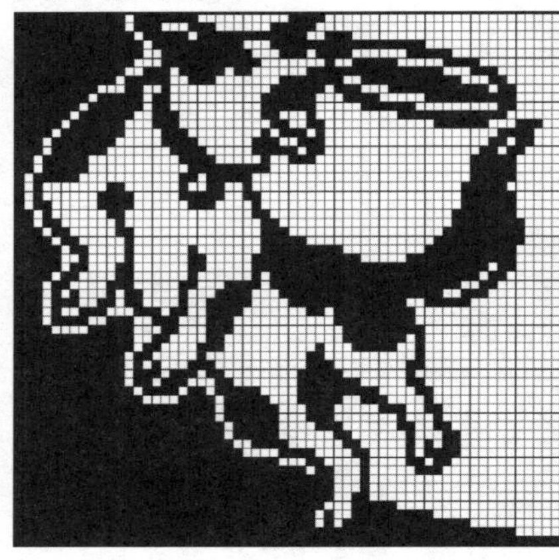

B67 핑퐁

B68 집라인

B69 인어

B70 연탄 봉사

B71 페인트칠

B72 비행기 놀이

B73 이소룡

B74 안무연습

B75 시식

B76 셀카

C77 키즈카페

C78 칵테일 바

C79 아이스하키

C80 실험실

C81 비눗방울 마술

C82 할머니와 고양이

C83 판소리

C84 회전목마

C85 결혼식

C86 필라테스

C87 인터뷰

C88 나무 심기

C89 인간 탑 쌓기

C90 면접

C91 책 읽어주는 아빠

C92 오케스트라

C93 티라노사우루스

C94 3·1 운동

C95 관세음보살

C96 무당

C97 튼튼한 동아줄

C98 개미와 베짱이

C99 그물 낚시

C100 무궁화꽃이 피었습니다

C101 서당

C102 소림 무술